AF344013

TABLE

DES
EDITS, DECLARATIONS,
ORDONNANCES, ARRESTS,
ET REGLEMENS

CONCERNANT

LES FERMES ROYALES-UNIES.

Rendus pendant la troisiéme année du Bail
de M^c. NICOLAS DESBOVES.

Commencée le premier Octobre 1734. & finie le
dernier Septembre 1735.

TOME VIII.

À PARIS,

Chez PIERRE PRAULT, Imprimeur des Fermes & Droits du Roy,
Quay de Gêvres, au Paradis.

M. DCC. XXXVII.

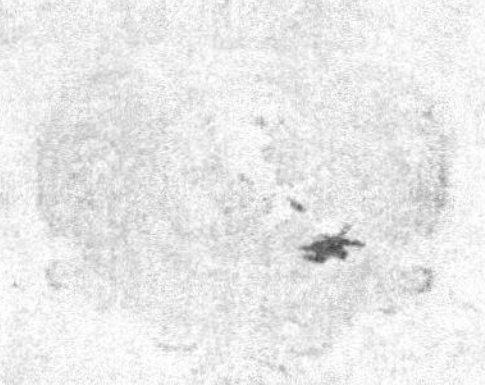

TABLE

DES

EDITS, DECLARATIONS,

ARRETS ET REGLEMENS

Rendus pendant la troisiéme année du Bail
de Me. NICOLAS DESBOVES,

Commencée le premier Octobre 1734. & finie le dernier
Septembre 1735.

CONCERNANT les Cinq Grosses Fermes, Domaines
d'Occident, Tabac, Commerce & Manufactures.

Du 19. Octobre 1734.

RREST du Conseil, & Lettres Patentes sur icelui, qui ordonnent la maniere & la forme dans
lesquelles les Commis des Fermes du Roi pourront
faire les Visites dans les Abbayes & autres Con-
vents de Filles, *Registrées en la Cour des Aydes de Paris, le pre-*
mier Decembre 1734. au Parlement de Metz, le 13. Janvier
1735. au Parlement de Grenoble le 14. au Conseil Superieur de
TRAITTES.

A

Roussillon le 15. à la Cour des Aydes de Roüen le 17. aux Parlements de Dijon & Pau ; & à la Cour des Aydes d'Aix le 19. à la Cour des Aydes de Montpellier le 22. au Parlement de Bretagne le 24. à la Cour des Aydes de Bordeaux , le 26. à la Cour des Aydes de Clermont-Ferrant , le 31. du même mois de Janvier 1735. & à la Cour des Aydes de Montauban le   Février suivant.

Du 19. Octobre 1734.

Arrest du Conseil, portant que Nicolas Desboves, Adjudicataire des Fermes Generales-Unies, sera remboursé de la somme de trois cens quarante-cinq mil huit cens deux livres un sol cinq deniers par lui payez des deniers de la premiere année de son Bail, en consequence des Ordres du Roi, pour le supplément des Rentes des Paroisses de Paris, Versailles, Marly, & Saint-Germain-en-Laye, indemnités des reductions faites des nouvelles rentes desdites Parroisses de Paris, sur les Aydes & Gabelles, & sur les Tailles, Remedes fournis par le sieur Helvetius, Medecin, & autres dépenses pour valeur, de laquelle somme de trois cens quarante-cinq mil huit cens deux livres un sol cinq deniers, il lui sera expedié une Ordonnance de comptant sur le Garde du Tresor Royal en exercice, lequel donnera en payement audit Desboves sa quittance comptable sur le prix de la premiere année de son Bail.

Du 26. Octobre 1734.

Arrest du Conseil qui modere à trente sols du cent pesant, les droits de sortie du Royaume sur les Draps Londres-Larges, & Londres Fabriqués dans la Province de Languedoc & destinés pour les Echelles du Levant, & ce jusqu'à ce qu'il en soit autrement ordonné ? à la charge de prendre un acquit à caution au dernier Bureau de sortie de ladite Province, portant promesse de rapporter un Certificat d'embarquement des Commis au Bureau du poids & casse de Marseille,

Des 29. Octobre 1734. & 4. Avril 1735.

*Arreſt du Conſeil, & Ordonnance des Maires & Jurats de la ville de Bordeaux, portant Reglement pour le Leſtage & Deleſtage des Vaiſſeaux & Barques dans le Port de la ville de Bordeaux, *contenant quinze articles.*

Du 2. Novembre 1734.

Arreſt du Conſeil, qui permet aux ſieurs Sengſtack & Vauzelen, de faire partir du Port de Nantes pour l'Iſle de la Martinique le navire *les deux Amis*, appartenant au ſieur Labadie & à la veuve Boutin ſa femme, Negocians à la Martinique, & décharge par grace, & ſans tirer à conſequence, le ſieur Paul le Clerc de la ſoûmiſſion par lui faite au Greffe de l'Amirauté du Havre, de faire ſon retour dans le port où il devoit aborder aux termes de l'art. 2. des Lettres Patentes du mois d'Avril 1717.

Du 2. Novembre 1734.

Arreſt du Conſeil qui caſſe une Sentence renduë par les Officiers de l'Amirauté de Grandville le 14. Avril précedent, par laquelle ils avoient ordonné qu'il ſeroit convenu d'Experts pour verifier & examiner ſi les plombs & étains ſaiſis par les Employés de la Brigade des Fermes de Grandville, ſur le nommé Jean le Maiſtre, batelier dudit lieu, étoient d'Angleterre ou de Bretagne; évoque & renvoye les procedures commencées à l'occaſion de ladite ſaiſie pardevant le ſieur Intendant de Caën, pour être les parties entenduës reſpectivement par ledit ſieur Intendant qui en dreſſera ſon procès, lequel ſera enſuite envoyé au Conſeil, avec ſon avis, pour ſur le tout être ordonné par ſa Majeſté ce qu'il appartiendra.

Du 4. Novembre 1734.

* Ordonnance du Roi, portant, que les Capitaines des

Compagnies détachées de la Garde-côte, seront pourvûs de Commissions de Sa Majesté, *contenant six Articles.*

Du 13. Novembre 1734.

Arrest du Conseil, qui ordonne que jusqu'au dernier Decembre 1735. seulement, & sans tirer à consequence, pour les années suivantes, les vins & les Eaux-de-Vie de la Province de Languedoc, qui seront portés dans les pays étrangers par les ports de Cette, Agde & la Nouvelle, continueront d'être déchargés du tiers des droits de sortie & du tiers du droit de fret, & que ladite moderation aura lieu pour les vins & eaux-de-vie de ladite Province qui sont sortis depuis le premier Septembre 1734. par lesdits ports.

Du 16. Novembre 1734.

Arrest du Conseil, qui ordonne, que par le sieur de la Briffe, Conseiller d'Estat, Intendant du Duché de Bourgogne, il sera incessamment procedé à l'adjudication au rabais & moins disant, en la maniere accoûtumée des reparations à faire à la maison servant de Bureau des Fermes à Versoix, pays de Gex, suivant & conformément au Devis qui en a été dressé le 27. Mars précedent, & que les Entrepreneurs seront payés du prix desdits ouvrages par le Fermier, auquel il en sera tenu compte sur le prix de son Bail.

Du 16. Novembre 1734.

* Arrest du Conseil, qui fixe à vingt-trois sols par muid, mesure de Paris, ou dix-sept sols six deniers par tonneau du poids de deux mille livres, les droits de sortie, qui seront payés dans les Bureaux des Fermes du Roi, sur les grains dont le transport hors du Royaume sera permis, en observant les formalités prescrites par ledit Arrest, & sans déroger aux Arrests des 22. Avril, 6. Mai, & 28. Octobre 1732. rendus au sujet des Droits sur les grains sortant de la Province de Bretagne.

Du 30. Novembre 1734.

* Ordonnance du Roy, pour la division & l'étenduë des départemens & quartiers de l'Intendance de Brest.

Du 7. Decembre 1734.

* Arrest du Conseil pour le payement des Droits du Péage, établis sur le Pont provisionnel de Mantes, par toutes sortes de personnes privilegiées ou non privilegiées, à l'exception des Officiers & Archers des Maréchaussées, des Employés des Fermes, des Couriers, Maîtres des Postes, & leurs Postillons & Domestiques, conduisant les Couriers seulement, & à leur retour desdites courses ou conduites.

Du 7, Decembre 1734.

Arrest du Conseil qui ordonne, que par le Tresorier des Octrois de la ville de Bordeaux, & des fonds destinés au payement des Appointemens du feu sieur Boutillier, Inspecteur Général des Manufactures, par l'Arrest du Conseil du 26. Septembre 1730 il sera remboursé au Receveur Général des Fermes de ladite ville, la somme de quatre mille livres payée sur les Ordres du Roi, par les Cautions de Maître Nicolas Desboves aux sieurs de Metreville, Inspecteur des Manufactures, & Pelsaire, chargé par M. le Contrôlleur Général de visiter & examiner differentes Fabriques & Manufactures.

Du 14. Decembre 1734.

Arrest du Conseil, qui ordonne que dans huitaine, à compter du jour de la signification d'icelui, les Gardiens & Dépositaires des Marchandises de Cottonine, prétenduës des Indes, saisies & reclamées par Jacques Deshayes, Cabaretier à Grandville, seront tenus d'envoyer dans ledit délai au magasin général, établi à la douanne à Paris, les ballots desdites marchandises mentionnées dans l'Ordonnance du Juge des

Traites de Grandville, du 24. Novembre précedent, pour lesdits ballots vûs & examinés être par Sa Majesté ordonné ce qu'il appartiendra.

Du 14. Decembre 1734.

* Arrest du Conseil, qui ordonne que par le sieur Berthelot, Maître des Requestes, il sera procedé à la diligence du sieur Contrôlleur des Bons d'Estats du Conseil, à la levée des scellés apposés sur les meubles & effets du feu sieur Geslain de S. Martin, Caissier de l'ancienne Compagnie Royale de la Chine, & sequestre des biens & effets du feu sieur de Montarsy, vivant Garde des Bijoux de la Couronne.

Du 14. Decembre 1734.

* Arrest du Conseil, qui commet le sieur Fuzillier pour faire le recouvrement du Dixiéme des appointemens des Commis, & employés dans les Fermes, Sous-Fermes, & autres affaires de Finances, ainsi que celui des droits attribués à differens Officiers, Corps & Communautés de la ville de Paris, & autres Dixiémes particuliers, conformément aux Rôlles qui en seront arrêtés au Conseil, à la diligence du sieur de Ternantes.

Du 14. Decembre 1734.

Arrest du Conseil portant, qu'il sera expedié au profit de Pierre Carlier, Adjudicataire des Fermes Générales-Unies une Ordonnance de comptant sur le Garde du Tresor Royal en exercice, de la somme de dix-huit mille quatre-vingt douze livres huit sols par lui avancée pour reparations & acquisitions de Bureaux, Greniers, Corps-de-Gardes, & autres ouvrages, laquelle Ordonnance lui sera payée en une Quittance comptable sur & en déduction du prix de son Bail.

Du 14. Decembre 1734.

Arrest du Conseil, qui commet le sieur de la Bourdonnaye, Intendant & Commissaire départi en la Generalité de Roüen, pour instruire & juger souverainement, & en dernier ressort, le procès aux auteurs, complices, fauteurs, participes ou adherans, des émotions populaires arrivées à Honfleur, à l'occasion des permissions accordées pour le transport des grains de la Province de Normandie à l'étranger, circonstances & dépendances, & évoque & renvoye pardevant ledit sieur de la Bourdonnaye toutes les procedures qui pourroient avoir été commencées pour raison de ce, en quelque Jurisdiction que ce soit, lui permet de subdeleguer, pour l'instruction, & pour rendre les Jugemens à l'extraordinaire, en appellant avec lui le nombre de Graduez requis par l'Ordonnance, & de commettre pour faire les fonctions de Procureur du Roi en ladite Commission, tels Officiers ou Gradués qu'il voudra choisir.

Du 21. Decembre 1734.

* Ordonnance du Roi, concernant la pêche des Moules dans la Baye d'Isigny, *contenant dix articles.*

Du 21. Decembre 1734.

Arrest du Conseil, qui évoque & renvoye pardevant le sieur de Pommereu, Intendant & Commissaire départi en la Generalité d'Auch, Pau, & Basse-Navarre, la procedure particuliere instruite par le Sénéchal de Saint Palais, contre le nommé Jean-Baptiste Prat, Marchand à Combo en Basse-Navarre, décreté pour complicité de rebellion faite aux Employés des Fermes, & icelles circonstances & dépendances, pour être par lui jugée souverainement, & en dernier ressort, & aux complices, fauteurs, participes ou adherans dudit Prat, lui attribuant à cet effet toute Cour, jurisdiction & connoissance, icelle, interdisant à toutes ses Cours & autres Juges; permet de subdeleguer pour l'instruction & pour rendre le Jugement à l'extraordinaire, en appellant avec lui le nombre de Gradués requis par l'Ordonnance, & de commettre, pour faire les fonctions de Procureur du Roi en ladite Commission, tels Officiers ou Graduez qu'il voudra choisir.

Du 28. Decembre 1734.

Arrest du Conseil, qui permet à Pierre Carlier, ci-devant Adjudicataire des Fermes, Generales-Unies, de presenter au Conseil un seul Etat au vrai, de la retenuë du Dixiéme sur les parties employées dans les rôlles y arrêtés pour les six années de son Bail ; & ensuite un seul compte de ladite retenuë, à chacune des chambres où il en doit être compté, lesquels comptes le Fermier sera tenu de presenter trois mois après l'arrêté des Estats au vrai, moyennant quoi, il est déchargé des amendes ausquelles il a été ou pourroit être condamné faute de les avoir presenté dans le temps de l'Ordonnance, ensemble des interêts, ausquels il pourroit aussi être condamné suivant la Déclaration du Roi du 27. Decembre 1701.

Du 28. Decembre 1734.

Arrest du Conseil, qui liquide à la somme de soixante mil cinq cens vingt-deux livres l'indemnité dûë au Fermier pour l'exemption accordée par sa Majesté à differens Habitans de l'Isle de la Martinique, du Droit de Capitation pour les années 1727. 1728. 1729. & 1730.

Du 28. Decembre 1734.

* Arrest du Conseil, qui, en interpretant l'Article III. de celui du 9. Fevrier 1734. dispense les Gardes-Jurés du Corps & Communauté des Fabriquans de Romorentin, qui entreront en exercice au deuxiéme Janvier de l'année 1735. & ceux qui leur succederont à l'avenir dans les fonctions de Gardes-Jurés de ladite Communauté, de faire graver la premiere lettre de leur nom & leur sur-nom en entier sur les coins ou marques dont ils se serviront pour appliquer les plombs.

plombs de Fabrique & de Contrôlle fur les draps & autres étoffes qu'ils auront vifitées, à condition que la datte de l'année de leur exercice fera gravée fur lefdits coins ou marques, fuivant ce qui eft prefcrit par l'Article II. dudit Arreft du 9. Février 1734. & à la charge par lefdits Gardes-Jurés d'être folidairement garands des plombs qu'ils auront appliqués.

Du 4. Janvier 1735.

Arreft du Confeil, qui caffe une Sentence de la Jurifdiction des Traittes de Valognes, par laquelle un procès verbal avoit été annullé fans aucun motif, condamne la veuve du Bois, & Jean du Bois, fon fils, domiciliez audit lieu, en trois mille livres d'amende & aux dépens, & en la confifcation au profit du Fermier, de plufieurs coupons d'indiennes & autres marchandifes prohibées, & de contrebande faifies fur eux.

Du 11. Janvier 1735.

*Arreft du Confeil, qui ordonne que les Habitans de la Paroiffe de Baillon, en Artois, & enclavée en Picardie, feront tenus de payer les droits d'entrée & de fortie fur les marchandifes de leur crû qu'ils feront paffer en Picardie, ou qu'ils tireront de ladite Province pour leur ufage & confommation; les exempte defdits droits fur les marchandifes qu'ils tireront de la Province d'Artois, pour leur confommation & fur celles de leur crû qu'ils pourront y envoyer. Fixe à cent cinquante livres de fel blanc, poids de marc, la confommation defdits Habitans, pour fept perfonnes par an, pour pot & faliere feulement; & évalue à trois livres de tabac par mois, la confommation pour chaque chef de famille de ladite Paroiffe de Baillon.

Du 11. Janvier 1735.

*Arreft du Confeil, qui fans avoir égard à l'Arreft du Parlement de Rennes, du 14. Juillet 1734. ordonne la confifcation de fept paires de bas de foye, & d'une paire de bas de laine, saisies le 29. Août 1732. sur la veuve Renàut & ses filles, Marchandes à Nantes, & les condamne en cent livres d'amende, conformément à l'article XXII. de l'Arrest du Conseil du 30. Mars 1700. Ordonne pareillement, que ledit Arrest du 30. Mars 1700. & autres Arrests intervenus depuis, concernant la fabrique des bas & autres ouvrages de Bonneterie au métier, seront executés selon leur forme & teneur ; en conséquence, fait iteratives inhibitions & défenses, tant aux Fabriquans de bas & autres ouvrages de Bonneterie au Métier, qu'aux Marchands faisant commerce desdites marchandises, d'en fabriquer, faire fabriquer, acheter, vendre, ni débiter, sans avoir le plomb contenant la marque du Fabriquant, ordonnée par l'Article XIX. dudit Arrest du 30. Mars 1700.

Et fait défenses aux Jurés des Fabriquans de bas & autres ouvrages de bonneterie au métier de la ville de Nantes, d'aller en visite chez les Marchands faisant commerce desdites marchandises autres que les Maîtres de leur Communauté, les particuliers privilegiés pour ladite fabrique, & les ouvriers travaillans dudit métier dans ladite ville & fauxbourgs.

Du 11. Janvier 1735.

* Arrest du Conseil qui ordonne, que les Articles XXVII. XXVIII. & XXIX. de l'Arrest du Conseil du 30. Mars 1700. seront executés selon leur forme & teneur.

Condamne Mathurin Saget, fabriquant de bas, & autres ouvrages de bonneterie au métier, de la ville de Nantes en trois cens livres d'amende, & l'interdit de la Maîtrise & du commerce desdits ouvrages pendant six mois, pour avoir par lui fait refus de souffrir la visite que les Jurez de sa Communauté prétendoient faire des bas & autres ouvrages de bonneterie qu'il avoit dans sa boutique.

Et ordonne que les Jurés fabriquans de bas & autres ouvrages de bonneterie au métier de ladite ville, pourront, quand bon leur semblera, faire des visites chez les Maîtres fabriquans de leur Communauté, chez les particuliers privilegiés, & les ouvriers travaillans à la fabrique desdits ouvrages dans ladite ville & fauxbourgs ; à l'effet dequoi lefdits Maîtres fabriquans, les particuliers privilegiés, & lefdits ouvriers, feront tenus de faire aufdits Jurés ouverture de leurs ouvroirs, boutiques & autres lieux où ils travailleront & feront travailler, & où ils auront des Marchandifes de bonneterie, à peine contre ceux qui en feroient refus de trois cens livres d'amende, d'être interdits de la Maîtrife, ou de leurs privileges pendant fix mois, & deplus grandes peines, s'il y écheoit.

Du 11. Janvier 1735.

* Arreſt du Confeil, qui en interpretant l'article III. de l'Arreſt du Confeil du 9. Février 1734. Difpenfe les Gardes de la Communauté des Merciers, Drapiers-Unis de la ville de Roüen, qui font entrés en exercice au deux Janvier de l'année 1735. & ceux qui leur fuccederont à l'avenir dans les fonctions de Gardes de ladite Communauté, de faire graver la premiere lettre de leur nom & leur fur-nom en entier, fur les coins ou marques dont ils fe ferviront pour appliquer le plomb de contrôlle fur les draps & autres étoffes qu'ils auront vifitées, à condition que la datte de l'année de leur exercice fera gravée fur lefdits coins ou marques, fuivant ce qui eſt prefcrit par l'article II. dudit Arreſt du 9. Févriet 1734. & à la charge par lefdits Gardes d'être folidairement garans des plombs qu'ils auront appliqués pendant le temps de leur exercice.

Du 15. Janvier 1735.

* Arreſt du Confeil, qui continuë jufqu'au 15. Janvier 1736. la moderation à dix livres du cent pefant, les droits d'entrées dans le Royaume, fur les Aiguilles venant des Pays étrangers.

Du 25. Janvier 1735.

Arreſt du Confeil, qui maintient & confirme les Abbé, Prieur & Religieux de l'Abbaye d'Efcurey, en Barrois, dans les Privileges & exemptions à eux accordés par les Lettres Patentes d'Henri II. des 15. Avril 1554. & 27. Janvier 1555. & par les articles XXXVII. XXXIX. & XL. du Traité fait entre sa Majesté & M. le Duc de Lorraine & de Bar, le 21. Janvier 1718. ordonne que lesdits Abbé, Prieur & Religieux, joüiront de l'exemption des droits de sortie & de tous autres subsides pour les grains, foins, raisins & vendanges, seulement de leur crû & concrû, qu'ils feront transporter dans leur Abbaye, du territoire de Joinville, & autres lieux de France, pour leur subsistance & celle de leurs domestiques, à la charge par eux de donner leur déclaration au bureau des Traittes de Joinville, des grains, foins, raisins & vendanges qu'ils auront recüeillis chaque année, sur les terres appartenantes à leur Abbaye. Ordonne aussi que lesdits Abbé, Prieur & Religieux d'Escurey payeront au Bureau de Joinville, les droits de sortie des vins qu'ils tireront du territoire de ladite ville de Joinville.

Du 25. Janvier 1735.

* Arrest du Conseil, qui, en interprétant les articles I. & IV. de l'Arrest du Conseil du 17. Janvier 1730. ordonne que la largeur des Tiretaines de la premiere qualité, appellées Tiretaines fortes & des Droguets croisés, qui se fabriquent dans l'étenduë de l'Election de Vire & dans la Paroisse de Condé, sera & demeurera réduite à demi-aulne un seize, au retour du foulon; au lieu de celle de demi-aulne demi-quart, prescrite par lesdits articles, sans néanmoins qu'il puisse être employé dans la chaîne desdites étoffes moins de trente-quatre portées de quarante fils chacune, conformément ausdits articles I. & IV. dudit Arrest du 17. Janvier 1730.

Du 29. Janvier 1735.

* Arrest du Conseil, portant Reglement sur le Commerce du Grabeau d'Indigo, *contenant six articles.*

Du 31. Janvier 1735.

* Ordonnance du Roi, qui regle le rang entre les Capitaines des Compagnies détachées de la Garde-côte, *contenant huit articles.*

Du premier Fevrier 1735.

* Arreſt de la Cour des Aydes de Paris, qui reçoit Nicolas Desboves, Adjudicataire des Fermes Generales-Unies, & de la vente excluſive du Tabac, Appellant d'une Sentence renduë en l'Election d'Amiens le 23. Decembre 1734. par laquelle il a été fait défenſes à ſes Commis de s'immiſcer à l'avenir d'aller en viſite chez les Notables & bourgeois, & aux Serruriers & Maréchaux de ladite ville, d'ouvrir les portes, qu'ils n'en ayent obtenu la permiſſion des Juges de ladite Election; tient l'appel de ladite Sentence pour bien relevé; permet au Fermier de faire intimer ſur ledit Appel qui bon lui ſemblera; défend d'executer ladite Sentence aux chefs ci-deſſus, & aux Officiers de l'Election d'Amiens d'en rendre à l'avenir de pareilles, ni de paſſer outre & faire pourſuites ailleurs qu'en la Cour des Aydes de Paris, à peine de nullité, mille livres d'amende, dépens, dommages & interêts.

Du premier Fevrier 1735.

Arreſt du Conſeil qui liquide à la ſomme de trois cens ſoixante-quatre mille cinq cens ſoixante-treize livres cinq ſols ſix den. le rembourſement dû au Fermier, pour le montant des droits des marchandiſes & autres effets paſſés en franchiſe & mentionnés aux paſſe-ports qui ont été expediés par les ordres de ſa Majeſté pendant la premiere année de ſon bail commencée le premier Octobre 1732. & finie le dernier Septembre 1733.

Du premier Fevrier 1735.

* Arreſt du Conſeil, qui en interpretant l'article III. de l'Arreſt du Conſeil du 9. Février 1734. diſpenſe les Gardes-Jurez de la Communauté des Fabriquans de Serges & Etamines de la ville d'Alençon, actuellement en exercice, & ceux qui leur ſuccederont à l'avenir dans les fonctions de Gardes-Jurés de ladite Communauté, d'avoir chacun leur coin ou marque particuliere, & de faire graver la premierre lettre de leur nom & leur ſurnom en entier, ſur les coins ou marques dont ils ſe ſerviront pour appliquer le plomb de fabrique ſur les étoffes qu'ils auront viſitées, à condition que la datte de l'année d'exercice ſera gravée ſur leſdits coins ou marques, ſuivant ce qui eſt preſcrit par l'article III. dudit Arreſt du 9. Février 1734. & à la charge par leſdits Gardes-Jurés, d'être ſolidairement garants des plombs qu'ils auront appliqués.

Du 2. Fevrier 1735.

* Ordonnance du Roi, qui défend aux Négocians François & autres, d'adreſſer ou faire adreſſer directement ni indirectement des marchandiſes, fruits ou denrées, à des étrangers, établis dans les Echelles du Levant, à peine de confiſcation des marchandiſes, dix mille livres d'amende & de privation du commerce du Levant.

Du 8. Fevrier 1735.

* Arreſt du Conſeil, qui ordonne que juſqu'au dernier Decembre 1735. les bœufs, vaches, moutons, brebis, agneaux, porcs, boucs, chevres, & chevrotins, qui viendront des pays étrangers dans le Royaume, ſeront & demeureront déchargés de tous droits, tant des cinq groſſes fermes, qu'autres dépendans de la Ferme Generalle qui ſe payent aux entrées des Provinces frontieres; & que leſdits beſtiaux, enſemble ceux qui auront été élevés & nourris dans le Royaume, ſeront &

démeureront déchargés pendant ledit temps, des droits d'entrées & de sortie dépendans de la Ferme Generalle à leur passage des Provinces reputées étrangeres dans celle de l'étenduë des cinq Grosses Fermes, ou desdites Provinces des cinq Grosses Fermes, dans celles réputées étrangeres aux entrées & sorties desquelles, il est dû des droits aux Fermes Generales Unies; défend à tous particuliers de quelque qualité & condition qu'ils soient, de faire sortir hors du Royaume aucuns bestiaux de toutes especes, à peine de confiscation, trois mille livres d'amende & autres peines portées par les Arrests des 16. Juin 1711. 15. Mars 1712. 19. Janvier 1715. 30. Avril 1716. & 17. Juin 1717. à l'exception des bestiaux du Pays de Gex, dont la sortie est permise par Arrest du 4. Janvier 1718. des bœufs & vaches qui pourront passer de la Flandre Françoise dans les Châtellenies d'Ypres, Furnes & Furnembac, en payant les droits du Tarif de 1671. conformément à l'Arrest du Conseil du 5. Septembre 1713. & des bestiaux des Generalités de Montauban & d'Auch, qui pourront continuer d'être commercés sur la frontiere d'Espagne, en payant les droits ordinaires: conformément à l'Arrest du 24. Juillet 1717. à condition de passer par les Bureaux y désignés.

Du 8. Fevrier 1735.

Arrest du Conseil, portant que l'Inspecteur de la Manufacture de Tapisserie établi à Aubusson, par Arrest du 14. Avril 1733. sera employé annuellement pour la somme de trois cens livres dans les Estats des Finances de la Generalité de Moulins & payé sur ses simples quittances, à compter du premier Janvier 1734. par le Receveur des Tailles de l'Election de Gueret, &c.

Du 15. Fevrier 1735.

* Arrest du Conseil, qui déboute les Maire & Echevins, Syndics & Habitans de la Ville du Havre, de l'oposition par eux formée à l'Arrest du Conseil du 25. Mai 1734. portant, que tous les Armateurs & Négocians qui armeront dans cette

Ville, deftinés pour les Ifles Françoifes de l'Amerique, joüiront de l'exemption des droits d'Octrois de ladite Ville fur toutes les marchandifes & denrées employées à leur commerce ou à l'aprovifionnement & avituaillement de leurs vaiffeaux, &c.

Du 15. Fevrier 1735.

* Arreft du Confeil, qui permet, jufqu'à ce qu'il en foit autrement ordonné, la fortie & le tranfport des Grains du Poitou à l'étranger, par les ports de Marans, Generalité de la Rochelle, & des Sables d'Olonne, Generalité de Poitiers feulement, & ce en payant les droits à raifon de vingt-trois fols par muid, mefure de Paris, ou dix-fept fols fix deniers par tonneau du poids de deux milliers, fuivant l'Arreft du 16. Novembre 1734. avec défenfes aux habitans de ladite Province de faire fortir aucuns grains par d'autres ports, à peine de confifcation & de punition, conformément aux Reglemens.

Du 15. Fevrier 1735.

* Ordonnance du Roi, portant, qu'il ne fera expedié aucuns congés aux foldats de Marine jufqu'au 15. Février 1737. quoique leurs engagemens foient limités à un temps plus court.

Du 15. Fevrier 1735.

Arreft du Confeil, qui évoque en icelui, l'appel interjetté par le nommé Bremond, Marchand à la Ciotat, de la Sentence du Maître des Ports de Marfeille du 16. Octobre 1732. circonftances & dépendances ; en confequence, ordonne que les Gardiens & Dépofitaires des étoffes prohibées, fur lui faifies, feront tenus d'envoyer au magafin general de la doüanne à Paris, ce qui refte des quatre-vingt huit pieces de droguet d'Angleterre, & de vingt-cinq coupons de la même étoffe faifis chez ledit Bremond, à quoi faire les gardiens & dépofitaires contraints, quoi faifant déchargés, pour le tout vû & examiné étre par fa Majefté ordonné ce qu'il appartiendra.

Du

Du 22. Fevrier 1735.

* Arreſt du Conſeil, qui confirme la ceſſion faite par le ſieur Joſeph Germain, au profit des ſieurs Scellier & de la Croix, du Privilege excluſif de la Manufacture Royale de Seignelay, pour la fabrique des Serges façon de Londres, & autres étoffes exprimées dans l'Arreſt du 17. Juillet 1731. & ce pour ſeize années reſtant à expirer des vingt, accordées audit ſieur Germain, leſquelles doivent expirer au premier Janvier 1751. & aux privileges & exemptions pour les ouvriers portés par ledit Arreſt de 1731.

Du premier Mars 1735.

Arreſt du Conſeil, qui admet le ſieur Alexandre-Marc-René Etienne, pour travailler dans le ſervice des Fermes, conjointement avec le ſieur Philbert Etienne, Ecuyer ſieur Daugny ſon pere.

Du premier Mars 1735.

Arreſt du Conſeil, portant qu'avant faire droit ſur la Requeſte de Pierre Carlier, ci-devant Adjudicataire des Fermes Generales-Unies, & de celle du Tabac, tendante à la caſſation, tant d'une Sentence des premiers Juges qui avoit annullé un procès verbal de ſaiſie de faux Tabac, trouvé chez le nommé Sarralier, de la Paroiſſe ou Hameau d'Oſſon en Bearn, ſous le pretexte que le procès verbal n'avoit point été viſé ni ſigné du Jurat qui accompagnoit les Employés, ni fait dans le lieu de la ſaiſie; & que le Tabac n'avoit point été porté à l'entrepôt, que d'un Arreſt du Parlement de Pau du 4. Decembre 1734, par lequel, en prononçant la confiſcation du Tabac, permet à Sarralier de faire informer du fait par lui articulé, que des particuliers, de concert avec les Employez, avoient porté le Tabac chez lui, à ſon inſçû. M. le Procureur General dudit Parlement, envoyera au Conſeil les motifs de l'Arreſt de ladite Cour, pour leſdits motifs vûs

& examinés, être par sa Majesté ordonné ce qu'il appartiendra, toutes choses jusqu'à ce, demeurant en état.

Du premier Mars 1735.

* Arrest du Conseil, qui interpretant l'article III. de l'Arrest du Conseil du 9. Février 1734. dispense les Gardes-Jurez des Fabriquans de draps de la ville de Château-Roux, actuellement en exercice, & ceux qui leur succederont à l'avenir dans les fonctions de Gardes-Jurés de ladite Communauté, de faire graver la premiere lettre de leur nom & leur sur-nom en entier sur les coins ou marques dont ils se serviront pour appliquer le plomb de fabrique sur les draps qu'ils auront visités; à condition que la datte de l'année de leur exercice sera gravée sur lesdits coins ou marques, suivant ce qui est prescrit par l'article II. dudit Arrest du 9. Février 1734. & à la charge par lesdits Gardes-Jurés d'être solidairement garants des plombs qu'ils auront appliqués pendant le temps de leur exercice.

Du 8. Mars 1735.

* Arrest du Conseil, qui ordonne que par les Commissaires à ce députés, il sera procedé à l'adjudication pure, simple & définitive du bail à loyer de la Manufacture d'armes établie Charleville, Nouzon & dépendances, & pour trois années, à compter du premier Avril 1735. jour de l'expiration du bail fait au feu sieur Fourrier.

Du 8. Mars 1735.

* Arrest du Conseil, qui ordonne que ceux des 26. Aoust 1722. 13. Janvier 1725. & 10. Mars 1732. seront executés selon leur forme & teneur; en consequence, évoque & renvoye pardevant le sieur d'Ormesson, Conseiller d'Estat Ordinaire, Intendant des Finances & autres Commissaires députés pour les affaires des Vivres de terre & de la marine, toutes les contestations nées & à naître, tant en demandant,

défendant qu'autrement , concernant la succession du feu sieur Geslain de Saint Martin , soit personnellement & directement , soit à titre de sequestre , & chargé des recouvremens des effets & dettes actives de la Compagnie du Sénégal, & de la succession du sieur de Montarsy , soit en qualité de Caissier de la Compagnie Royale de la Chine , pour être lesdites affaires , ensemble celles concernant les recouvremens des effets & dettes actives desdites Compagnies , & de ladite succession de Montarsy, poursuivis à la requeste & diligence du Commissaire des Bons d'Estat , pardevant lesdits sieurs Commissaires & par eux jugés définitivement & en dernier ressort au nombre de cinq , leur attribuant à cet effet, toutes Cour connoissance , pouvoir & jurisdiction necessaires , pour raison desdites affaires , circonstances & dépendances , même pour statuer sur les referés portés aux Ordonnances du sieur Berthelot , Maître des Requestes & l'un desdits Commissaires , pour l'arrêté & le jugement des comptes , dont est tenu la succession dudit Geslain , à cause desdites Compagnies , & de ladite successionde Montarsy.

Du 8. Mars 1735.

Arrest du Conseil, qui , du consentement des Interessés aux baux de Nicolas Desboves , agrée la cession volontaire du sieur Georges-Loüis Maréchal , de l'interêt qu'il a dans les Fermes Generalles & du Tabac , en faveur du sieur Jacques-Jeremie Roussel , à commencer du premier Octobre 1734.

Du 8. Mars 1735.

* Déclaration du Roi, *Regiſtrée en Parlement le 23. Mars* 1735. portant Reglement pour la fabrication des bouteilles & carafons de verre; défend l'entrée dans le Royaume de celles qui ne seront pas de la jauge de pinte , mesure de Paris , & du poids de vingt-cinq onces , les doubles demies , & quarts à proportion , à peine de confiscation & de deux cens livres d'amende; excepte de la prohibition, la Province d'Alsace pour les bouteilles & carafes qui s'y fabriquent & consomment , &c. *contenant VIII. articles.*   C ij

Du 8. Mars 1735.

Arreſt du Conſeil, qui revoque les lettres patentes du 2. Février 1732. portant privilege excluſif en faveur de Loüis Rochas fils, pour teindre du grand & bon teint, pendant le cours de vingt années, à compter du jour de l'enregiſtrement deſdites lettres, tous les draps, ſerges, & autres étoffes de laine qui ſeroient fabriquées dans la ville de Romans & autres lieux aux environs, & ſuîvant & conformément aux ſtatuts ordinaires & Reglemens des mois d'Aouſt 1667. & 1669.

Du 13. Mars 1735.

Arreſt du Conſeil, qui commet le ſieur de la Bourdonnaye Intendant & Commiſſaire départi en la Generalité de Roüen, pour inſtruire & juger ſouverainement & en dernier reſſort, le procès aux auteurs, complices, fauteurs, participes ou adherans des émotions populaires arrivées à Feſcamp au ſujet de l'embarquement des bleds qui ſe faiſoit dans le Port, par les Munitionnaires des vivres de l'armée d'Italie, mentionnées dans les procès verbaux des deux & quatre Mars 1735. circonſtances & dépendances, évoque & renvoye pardevant ledit ſieur Commiſſaire départi, toutes les procedures qui pourroient avoir été commencées pour raiſon de ce, en quelques Juriſdictions que ce ſoit, lui permet de ſubdeleguer pour l'inſtruction & pour rendre les Jugemens à l'extraordinaire, en appellant avec lui le nombre de Gradués, requis par l'Ordonnance, & de commettre pour faire les fonctions de Procureur du Roi en ladite Commiſſion, tels Officiers ou Gradués qu'il voudra choiſir.

Du 15. Mars 1735.

Arreſt du Conſeil, qui ordonne que par le Treſorier de l'Octroy de la ville deBordeaux, il ſera payé à l'Adjudicataire des Fermes entre les mains du Receveur General deſdites Fermes deladite ville une ſomme de mille ſept cens livres, à prendre sur les fonds destinés par l'Arrest du 26. Septembre 1730. au payement des appointemens du feu sieur Boutillier, Inspecteur general des Manufactures, laquelle somme avoit été avancée par le Fermier, & sur des ordres du Conseil.

Du 16. Mars 1735.

* Arrest de la Cour des Aydes de Paris, portant que Margueritte-Therese Renault, fille majeure, & heritiere de feu FaronRenault, son frere, vivant Receveur des droits du pont de Joigny, ne peut profiter des lettres de benefice d'inventaire par elle obtenuës, & qui ordonneque dans quainzaine, elle sera tenuë de renoncer à la succession de son frere, sinon & à faute par elle de le faire dans ledit temps, la condamne à payer le debet du compte de son frere.

Nota. Cet Arrest juge que l'heritier d'un Receveur des Fermes, mort reliquataire, ne peut profiter de la faveur des Lettres de Benefice d'Inventaire, & doit renoncer à la succession, sinon payer le debet du Receveur.

Du 18. Mars 1735.

* Déliberation de la Compagnie du Bail de Nicolas Desboves, sur le partage du produit des saisies & confiscations faites dans une Direction, par les Employez d'une Direction voisine, tant pour les Traittes, Gabelles, que pour le Tabac.

Du 22. Mars 1735.

* Arrest du Conseil, qui interdit l'entrée dans le Royaume de l'écorce d'arbre appellée Quina faux, ou faux Quinquina, ou Quinquina femelle ; défend à tous Marchands, Négocians, & autres personnes de quelque qualité & condition qu'elles soient d'en faire entrer ni introduire dans le Royaume, sous quelque dénomination que ce puisse être, comme aussi à tous Marchands, Epiciers, Droguistes, & Apoticaires, d'en acheter, ou d'en avoir dans leurs maisons, & boutiques, & d'en vendre ni débiter, à peine de confiscation & de cinq cens livres d'amende contre chacun des contrevenans.

Du 22. Mars 1735.

* Arreſt du Conſeil, qui maintient les Maire , Echevins, Habitans & Communauté de la ville d'Auxonne , dans la joüiſſance de leurs Privileges & exemptions , leur permet de negocier , trafiquer , & tranſporter , tant dedans que dehors le Royaume , tout ce qui ſera du crû & Manufacture de la ville & territoire d'Auxonne ſeulement , ſans payer les droits de traitte foraine , reſve , haut & bas paſſage ; ordonne que les vins , eaux-de-vie , & toutes autres denrées & marchandiſes qui ſeront amenées , tant des lieux appartenans auſdits habitans , ſitués hors de la ville & territoire dudit Auxonne , que d'ailleurs , venduës & achetées dans ladite ville , & tranſportées hors du Royaume , ne ſeront ſujettes au payement deſdits droits , pourvû qu'elles ayent fait ſéjour en ladite ville ; ſçavoir le bled , les vins , eaux-de-vie , & les toiles étrangeres , pendant deux mois , les harangs trois ſemaines , le betail , les balles de merceries & draperies dix jours , le fer & les huiles un mois.

Nota. Par les termes de cet Arreſt , il eſt jugé que leſdites Marchandiſes qui ſeront amenées , tant des lieux appartenans aux Habitans d'Auxonne , ſitués hors ladite ville , & ſon territoire , que d'ailleurs ſont ſujettes aux droits d'entrées.

Du 22. Mars 1735.

* Arreſt du Conſeil , qui avant faire droit ſur la Requeſte du Fermier , tendante à la caſſation de celui de la Cour de Parlement & des Aydes de Dijon du 24. Janvier précedent , & à l'execution d'une Sentence de la Juriſdiction des Traittes de Nantua du 2. Septembre 1733. qui confiſque un cheval ſaiſi ſur le nommé Gonin , paſſant du Comté de Bourgogne à Gex , ſans déclaration ni payement des droits d'entrées , & le condamne en trois cens livres d'amende , nonobſtant de prétendus Privileges accordés par un Duc de Savoye le 30. Octobre 1589. ordonne que les motifs dudit Arreſt du 24. Février 1735. ſeront envoyés à M. le Contrôlleur General , toutes choſes juſqu'à ce demeurant en état.

Du 23. Mars 1735.

* Jugement souverain rendu par M. Colleau, Lieutenant Criminel au Présidial de Melun, & Commissaire député en Dauphiné, par Arrest du Conseil du 31. Mars 1733. pour informer & juger les contrebandiers répandus dans ladite Province & dans celles de Lyonnois, Bourgogne, Provence, Languedoc & Auvergne, qui condamne le nommé Jean-Antoine Mathivet, dit communément Antoinette, à être rompu vif, pour avoir été un des chefs de differentes bandes de contrebandiers attroupés & arrêtés, qui ont commis les excès, violences, voyes de fait, meurtres & assassinats y mentionnés.

Du 29. Mars 1735.

Arrest du Conseil, qui proroge pour vingt années, qui finiront le premier Juillet 1760. les privileges accordés aux Entrepreneurs des mines à charbon de terre dans la Province du Hainault, avec exemption de tous droits domaniaux & autres, sur les charbons qu'ils extrayent de leurs fosses.

Du 29. Mars 1735.

Arrest du Conseil, qui évoque une assignation donnée à la Cour des Aydes de Paris, à Nicolas Desboves adjudicataire des Fermes Generalles-Unies, à la Requeste de la veuve Jocques, negociante à Orleans, tendante à la restitution de la somme de trois cens soixante dix-neuf livres trois sols onze deniers, que ladite veuve prétend avoir été induëment exigée, tant au Bureau general de la Romaine de Roüen, pour droits d'entrée sur deux mille vingt-cinq livres de cire jaune envoyée de la ville de Hambourg, pour être blanchies en la ville d'Orleans, que dans plusieurs Bureaux de droits locaux sur la Loire & à Nantes.

Du 5. Avril 1735.

* Arreſt du Conſeil, qui ordonne que les Gardes & Jurés des Marchands & Fabriquans, ſeront tenus de ſaiſir les draps, & autres étoffes de laine, ou mêlées de laine, ſoye, poil, fil, cotton, & autres matieres, qui lors des viſites qui en ſeront par eux faites dans les bureaux de fabrique, & de contrôlle, ne ſeront pas trouvées conformes aux Reglemens, ſans qu'ils puiſſent, ſous quelque pretexte que ce ſoit, les rendre à ceux qui les auront preſentées à la viſite. Fait défenſes aux Fabriquans, Marchands, Commiſſionnaires & autres, d'envoyer dans les pays étrangers aucunes piéces deſdites étoffes, ſans avoir à la tête & à la queuë de chaque piéce, les marques & les plombs preſcrits par les Reglemens; & ordonne que dans deux mois, à compter du jour de la datte de l'Arreſt, les balles & ballots deſdites étoffes qui ſeront envoyés à l'étranger ſur la corde deſquels le plomb de contrôlle ordonné par l'Arreſt du Conſeil du 5. Decembre 1730. ne ſe trouvera pas appliqué, ſeront à leur arrivée dans les villes maritimes, & dans les villes frontieres arrêtés, ouverts, & les étoffes y contenuës viſitées, à l'effet de reconnoître ſi elles ſont marquées à la tête & à la queuë de chaque piéce, des plombs ordonnés par les Reglemens.

Du 5. Avril 1735.

Arreſt du Conſeil, qui déboute Marie Hebert, veuve de Charles Dubois, bourgeois de Valognes, & Jean Dubois ſon fils, de leur oppoſition à l'execution de celui du 4. Janvier 1735. par lequel une Sentence du Siége des Traittes de Valognes, du 9. Aouſt 1734. renduë à leur profit, a été caſſée, & eux condamnés ſolidairement en l'amende de trois mille livres, & aux dépens, & en la confiſcation de pluſieurs coupons d'indiennes, & autres marchandiſes de contrebandes ſur eux ſaiſies.

Du 12 Avril 1735.

Arreſt du Conſeil, qui permet aux Habitans & Negocians des Sables, & autres de la Generalité de Poitiers, d'envoyer des grains à l'Etranger par le Port de S. Gilles, ſuivant & conformément aux diſpoſitions de l'Arreſt du 15. Février précedent.

Du 19. Avril 1735.

* Arreſt du Conſeil qui maintient la forge de Neuf-Châtel, ſituée en Franche-Comté, dans l'exemption du droit domanial ſur les fers qui en ſortiront pour aller dans les pays étrangers ſeulement, & ſurçoit l'execution de celui du 13. Juillet 1734. ſervant de reglement pour la perception des droits de marque ſur les fers, tant à l'entrée qu'à la ſortie de la province de Franche-Comté.

Du 26. Avril 1735.

Arreſt du Conſeil, qui ſubroge le ſieur Maboul, Maître des Requeſtes & l'un des Commiſſaires de la Chambre établie au Château de l'Arſenal à Paris, pour au lieu du ſieur de Baſlore, nommé à l'Intendance de Pau, faire l'inſtruction & le rapport du procès criminel intenté contre le ſieur Trogoff & ſes complices, pour raiſon de la contrebande du Tabac, mentionnée au procès verbal des Employés des Fermes au département de S. Brieux en Bretagne, dès 21. Janvier & jours ſuivans 1731. dont la connoiſſance eſt attribuée à ladite Chambre de l'Arſenal.

Du 26. Avril 1735.

Arreſt du Conſeil, qui fixe à la ſomme de douze cens livres les réparations à faire à la maiſon où eſt établi le Bureau des Fermes à Verſoix, au pays de Gex, leſquelles n'avoient été eſtimées qu'à la ſomme de huit cens livres, par l'Arreſt du 16. Novembre 1734. qui en ordonne l'adjudication, lequel ſera au surplus executé selon sa forme & teneur.

May 1735.

Lettres Patentes du Roi, *Registrées en la Cour des Aydes, le* 22. *Novembre* 1735. par lesquelles sa Majesté fait don au sieur Jean-Hercule de Rosset de Perignan, Marquis de Fleury, Gouverneur d'Ayguemortes, Chevalier de ses Ordres, de la joüissance des droits de six deniers pour livre, attribués aux Offices de Tresoriers & Contrôlleurs des Fermes en l'étenduë de la riviere & traitte de Charente, creés par Edit du mois d'Avril 1658. & à ses enfans & descendans mâles & femelles, nés & à naître en legitime mariage, & à leur défaut, aux freres & sœurs dudit sieur Marquis de Fleury, & de Dame Marie de Rey son épouse, leurs enfans & descendans mâles & femelles, nés & à naître en legitime mariage, en préferant les mâles aux femelles, & l'ordre de primogeniture gardé & observé, & sans que ledit droit soit sujet à rapport & partage par celui ou celle qui en sera en possession, ladite joüissance à commencer au jour du decès du sieur Comte d'Orval, actuellement donataire desdits droits.

Du 3. May 1735.

Arrest du Conseil, qui ordonne que par le sieur de Harlay, Intendant & Commissaire départi en la Generalité de Paris, il sera incessamment procedé à la publication & adjudication, au rabais, & moins disant des ouvrages & reparations à faire aux bâtimens dépendans de l'hôtel des Fermes à Versailles, suivant le dévis estimatif qui en a été dressé par le sieur de Cotte, du montant desquels ouvrages & reparations les Entrepreneurs seront payés sur les Ordonnances dudit sieur de Harlay par Nicolas Desboves, adjudicataire des Fermes Generalles-Unies, auquel il en sera tenu compte sur le prix de son bail.

Du 10. May 1735.

* Arrest du Conseil, qui casse & annulle une Sentence de

l'Election de Langres du 15. Mars precedent, en ce qu'elle ordonne l'élargissement de deux cavaliers du Regiment du Maine, les décharge des amendes par eux encouruës, fous pretexte que le faux tabac fur eux faifi étoit pour leur provision, confisque le tabac & les condamne chacun en mille livres d'amende folidairement, conformément aux Déclarations des 6. Decembre 1707. premier Aouft 1721. & à l'Ordonnance du 20. Avril 1734. concernant les troupes.

Du 10. May 1735.

Arreft du Conseil, qui caffe une Sentence de l'Election de Ville-Franche de Rouergue, par laquelle il avoit été ordonné, avant faire droit fur un procès verbal de faifie, faite chez le nommé Derrivat du lieu de Moulbafens, de trois aulnes de toiles peintes; enfemble des moules & de la peinture trouvés chez lui, que le Fermier juftifieroit de la publication & affiches appofées de l'Arreft du Confeil du 27. Septembre 1719. confifque lefdites Toiles, moules & peintures au profit du Fermier, & condamne ledit Derrivat en l'amende de trois mille livres; & défend aux Elus de rendre de pareilles Sentences, à peine de repondre des amendes encouruës par les fraudeurs.

Du 11. May 1735.

* Arreft de la Cour des Aydes, qui condamne les nommés Henry Bichois & Laurent Collet voituriers, habitans de la Paroiffe de Fleurant, à une demie lieuë du Clermontois, pays reputé étranger, au payement du double des droits de fortie de quatorze muids de vin par eux enlevés du bourg de Ricey-le-Bas, pays de l'interieur de la Ferme, & conduits dans ladite Paroiffe de Fleurant, fous acquit à caution, faute par lefdits Bichois & Collet, d'avoir repréfenté les acquits des droits, ou les futailles vuides, lors de la vifite faite chez eux par les Employés des Fermes, au pofte de Sainte Menehould, en conformité de l'article IV. du titre des droits de fortie fur les vins, de l'Ordonnance de 1681.

Dij

Du 13. May 1735.

* Arrest de la Cour des Aydes de Paris, qui défend aux Officiers de l'Election de Mondidier, & à tous autres d'obliger le Fermier de prendre la voye extraordinaire lorsqu'il ne s'agira que de simple amende & peines pecuniaires, & leur enjoint de juger sur les procès verbaux, sauf les cas où il s'agira de prononcer des peines afflictives de proceder par information, recollement & confrontation.

Du 20. May 1735.

Arrest du Conseil, portant que ceux des 4. Decembre 1725. & 7. Octobre 1732. servant de Reglement pour la visite & marque des étoffes de draperie dans les bureaux des Fermes, & pour rectifier les abus sur les draps étrangers & des Manufactures de France, seront executés, & conformément à iceux, confisque quatre-vingt huit pieces de droguet d'Angleterre, & vingt-cinq coupons de même étoffe prohibés, saisis sur le sieur Bremond, Marchand à la Ciotat, & le condamne par corps en trois mille livres d'amende.

Du 24. May 1735.

* Lettres Patentes sur un Reglement du même jour pour les droits & salaires des Officiers du siege de l'Amirauté de Quebec, contenant differens titres distribués par articles.

Du 24. May 1735.

* Lettres Patentes sur un Reglement du même jour, pour les droits & salaires des Officiers du Siege de l'Amirauté de l'Isle Royale, contenant differens titres distribués par articles.

Du 31. May 1735.

Arrest du Conseil, qui ordonne la levée pendant quatre

années, à commencer du premier Octobre 1735. d'une cruë
ou augmentation de quarante fols par minot de fel qui fera
vendu & diftribué dans les Greniers & Chambres à fel, du
pays de Bugey, pour les deniers en provenans être remis à
celui des Syndics du tiers état du pays qui fera nommé par
l'Intendant de la Province de Bourgogne, fans que pour raifon de ce, ledit pays de Bugey foit tenu d'aucun dédommagement, ni indemnité envers le Fermier des Gabelles,
pour être le produit de ladite cruë, employé au payement
des abonnemens faits & continués pour tenir lieu de la
perception des droits fur les huiles dans ledit pays de Bugey,
fuivant les Arrefts des 30. Juin, & 23. Septembre 1732. ainfi
qu'au rembourfement des fommes qui pourroient avoir été
empruntées pour acquitter lefdits abonnemens & autres
dettes & charges dudit pays, & affujettir toutes perfonnes,
de quelque qualité & condition qu'elles foient, privilegiés
ou non privilegiés, Ecclefiaftiques, Gentils-hommes, &
autres qui joüiffent de franc-falé, ou de gratification au payement de ladite cruë, de quarante fols par minot.

Du 10. Juin 1735.

* Arreft du Confeil, qui permet l'entrée par la ville & port
de Calais, des livres & livrets venant de l'étranger, & qui feront deftinés pour la ville de Paris feulement, défend d'y en
faire entrer pour d'autre deftination, ordonne que les balles,
ballots, caiffes, ou paquets contenant lefdits livres, feront
plombés au bureau des Fermes à Calais, pour être expediés
par acquit, à caution, en faifant par ceux à qui ils feront adref-
fés, ou par leurs Commiffionnaires fur les lieux, leur foûmif-
fion au bureau, par laquelle ils s'obligeront de reprefenter
lefdites balles, ballots, caiffes ou paquets à la doüanne de
Paris, & de rapporter dans un mois, au dos dudit acquit à
caution, un certificat portant que lefdits livres ou livrets,
auront été remis, à la Chambre Syndicale des Libraires de
ladite ville de Paris, le tout à peine de confifcation & de quinze cens livres d'amende.

Du 14. Juin 1735.

Arreſt du Conſeil, qui ſubroge le ſieur Mailhard de Ba-
loſre, Maître des Requêtes, Intendant & Commiſſaire départi
en Navarre, Bearn, & Generalité d'Auch pour au lieu du ſieur
de Pomereu, ci-devant Intendant en ladite Generalité, proceder à l'inſtruction & jugement du procès qui doit être fait, tant
aux nommés Tafernabery, dit Elhory, & Bernard Bentabery,
qu'aux autres complices fauteurs, participes ou adherans,
du commerce de contrebande de faux tabac, & des autres
faits mentionnés dans le procès verbal du 23. Avril 1735.
pour être le tout par lui jugé ſouverainement, & en dernier
reſſort, en appellant le nombre de Gradués requis par l'Ordonnance, à l'effet de quoi valide, en tant que de beſoin, les
procedures qui peuvent avoir été faites depuis le décès du feu
ſieur de Pomereu.

Du 15. *Juin* 1735.

* Déclaration du Roi, *regiſtrée en Parlement le* 30. *Aouſt*
1735. portant reglement au ſujet des naufrages maritimes,
contenant cinq articles.

Du 18. *Juin* 1735.

* Arreſt du Conſeil, qui ordonne la ſuppreſſion des Bureaux de fabrique établis à Blicourt & à Luchy, & fixe l'é-
tenduë des Bureaux de Crevecœur, d'Hardivilliers & des
Thillois, pour la viſite & la marque des ſerges & autres étoffes qui s'y fabriquent, &c. *contenant neuf articles.*

Du 21. *Juin* 1735.

Arreſt du Conſeil, qui évoque & renvoye pardevant le
ſieur de Vatan, Intendant & Commiſſaire départi en la Generalité de Caën, les procedures qui pourroient avoir été
commencées en l'Election de Coutances, & tout ce qui s'en
eſt enſuivi, pour raiſon de la rebellion & expoliation faite

aux employés des Fermes de la brigade de Pirou, par pluſieurs particuliers des Paroiſſes de Manneville, le Bingard,
& autres circonvoiſines du reſſort de l'Election de Coutances, de vingt-deux ſacs remplis de faux tabac mentionnés au
procès verbal deſdirs employés, du 17. Mai 1735. circonſtances & dépendances, pour être le procès des coupables
inſtruit & jugé définitivement, & en dernier reſſort, par ledit ſieur Intendant, en appellant avec lui le nombre des Gradués requis par l'Ordonnance.

Du 21. Juin 1735.

Arreſt du Conſeil, pour faire tenir compte à Maître Nicolas Desboves, adjudicataire des Fermes Generales-Unies &
de celle du Tabac, ſur le prix de ſon bail, de la ſomme de ſept
cens ſoixante-quatorze livres ſix ſols, à quoi ſe ſont trouvées
monter les reparations faites aux priſons de Valence,

Du 21. Juin 1735.

Arreſt du Conſeil, qui évoque & renvoye pardevant le
ſieur de Vatan, Intendant & Commiſſaire départi en la Generalité de Caën, la connoiſſance d'une ſaiſie de Marchandiſes de contrebande & prohibées, faite le 25. Avril 1735.
& jours ſuivans par les Employés des Fermes à Caën, dans le
navire la Providence, commandé par Jean Guilbert, circonſtances & dépendances, pour être le tout par lui jugées
au déſir de l'Arreſt du 30. Avril 1722. ſauf l'appel au Conſeil, lui attribuant à cet effet toute cour, juriſdiction & connoiſſance, icelle interdiſant à toutes ſes Cours & autres Juges,
ordonne en outre, que le procès verbal des Employés, dépo-
ſé au Greffe du Siege des Traittes de Caën, ſera remis à celui de l'Intendance, ainſi que les procedures qui pourroient
avoir été ſur ce commencées, tant par les Juges des Traittes,
que par ceux de l'Amirauté, à ce faire, tous Greffiers & dé-
poſitaires contraints.

Du 21. Juin 1735.

Arreſt du Conſeil, qui avant faire droit ſur la Requeſte du Fermier, tendante à la caſſation de celui de la Cour des Aydes de Paris, du 18. Mars 1735. confirmatif d'une Sentence de la Juriſdiction] des Traittes de Montfaucon , du 2. Décembre 1733. par laquelle il a été fait main-levée d'une ſaiſie de douze tonneaux de vin entrepoſez dans une maiſon appartenante à la Dame Riquard, veuve Labbé, ſituée dans les quatre lieuës des limites de la Ferme, Ordonne l'envoi au Conſeil des motifs dudit Arreſt de la Cour des Aydes, pour être vûs & examinés, & enſuite ordonner ce qu'il appartiendra, toutes choſes juſqu'à ce demeurant en état.

Du 21. Juin 1735.

Arreſt du Conſeil, qui ordonne que ſur les Ordonnanc e du ſieur de S. Maurice, Intendant & Commiſſaire départi à Montpellier, il ſera payé par Pierre Carlier, ci-devant adjudicataire des Fermes Generales-Unies, une ſomme de ſept cens quarante-une livre dix ſols ſix deniers, à l'Entrepreneur de la conſtruction d'une maiſon, ſervant de Bureau à Fitou, ſur le chemin de Narbonne à Perpignan, de laquelle ſomme de ſept cens quarante-une livre dix ſols ſix deniers, il en ſera tenu compte audit Carlier ſur le prix de ſon bail.

Du 21. Juin 1735.

* Arreſt du Conſeil, qui fait défenſes aux Marchands, voituriers ou particuliers qui auront tiré des grains par la Bourgogne, en franchiſe des droits d'octrois établis ſur la riviere de Saone, en faveur de la Province, & qui auront fait leurs déclarations de les tranſporter en Provence, de les voiturer & remettre ailleurs, à peine de payer leſdits droits, & cinq cens livres d'amende pour chaque contravention. Ordonne, que leſdits Marchands, voituriers, ou particuliers, repreſenteront à Taraſcon, pardevant le ſieur Denis, commis à cet
effet,

effet, les déclarations faites en Bourgogne, de la quantité de grains destinés pour la Provence ; lui donneront un état, d'eux certifié, des villes & lieux de la Provence, où ils comptent faire leurs déchargemens ; que ledit Denis verifiera si les déclarations sont fidelles, & dressera des procès verbaux des contraventions qu'il reconnoîtra avoir été faites, sur lesquels procès verbaux les Marchands, Voituriers, ou particuliers, seront assignés à la Requeste dudit Denis, ou de ses Fermiers, pardevant les Commissaires députés pour la verification des dettes & affaires des Communautés de la Province de Bourgogne, pour être condamnés au payement des droits appartenans à la Province de la Bourgogne, & en cinq cens livres d'amende au profit de sa Majesté, sans que lesdites peines prononcées puissent être remises ni moderées.

Du 21. Juin 1735.

Arrest du Conseil, qui commet le sieur Intendant & Commissaire départi en la Generalité d'Auch & Pau, pour instruire & juger le procès, tant au sieur Germes, Seigneur de la Paroisse de Saint Patous, qu'aux autres complices, participes & adherans qui ont eu part à la rebellion faite aux Employés de la Brigade des Fermes établie à Montrejault, en detachement à Argeletz, ensemble de l'enlevement & soustraction des Tabacs de fraude, qui étoient dans la maison du nommé Charton, ainsi qu'il est plus au long mentionné au procès verbal desdits Employés du 6. Février 1735. circonstances & dépendances. Evoque & renvoye pardevant ledit sieur Commissaire départi toutes les procedures qui pourroient avoir été commencées pour raison de ce, dans quelque Jurisdiction que ce soit, pour être le tout par lui jugé souverainement & en dernier ressort, en appellant avec lui le nombre d'Officiers, ou Graduez, requis par l'Ordonnance, lui attribuant à cet effet toute Cour, Jurisdiction & connoissance, & icelle interdisant à toutes ses Cours & autres Juges.

Du 21. Juin 1735.

Arrest du Conseil, qui déboute les Maire, Echevins &

Habitans de la Ville de S. Jean de Losne, de leur demande, tendante à la revocation de l'Arrest du 20. Juillet 1734. par lequel il a été surcis à la perception du droit d'octroi sur les bleds, fromens, & autres grains, farines, & legumes qui ne feroient que passer dessous le pont de la ville de S. Jean de Losne, pour être débités ailleurs que dans la ville, & ordonne que ledit Arrest du 20. Juillet 1734. sera executé.

Du 21. Juin 1735.

Arrest du Conseil, qui ordonne que par le sieur de Sechelles, Intendant & Commissaire départi dans la Province du Haynault, il sera incessamment procedé à l'adjudication, au rabais & moins disant, en la maniere accoutumée, des reparations à faire à la maison servant de Bureau des Fermes à Marchipont, du prix desquels ouvrages les Entrepreneurs seront payés sur les Ordonnances dudit sieur Commissaire départi, au fur & à mesure, ou après la reception d'iceux, par les cautions de Maître Nicolas Desboves, Adjudicataire des Fermes Generales-Unies, auquel il en sera tenu compte sur le prix de son bail.

Du 28. Juin 1735.

Arrest du Conseil, qui évoque l'opposition formée par le sieur de Moran, Conseiller au Parlement de Bretagne, à l'appropriement du terrain & emplacement appellé le clos Maran, situé près de la ville de Morlaix, dont l'acquisition a été faite pour & au nom du Roi, à l'effet d'y construire une Manufacture de Tabac; ordonne que ledit sieur de Moran remettra dans le délai de deux mois, ses moyens d'opposition, & les pieces sur lesquelles il prétend les établir, ès mains de M. le Controlleur General des Finances, pour le tout être communiqué à l'un des Inspecteurs Generaux du Domaine, & ensuite être ordonné ce qu'il appartiendra.

Du 17. Juillet 1735.

* Arrest & Lettres patentes *regiſtrées au Parlement le premier Aouſt* 1735. qui approuvent & confirment les Déliberations du Clergé des 13. Juin & 5. Juillet 1735. & lui permettent d'emprunter huit millions à conſtitution de rentes au denier vingt, pour payer le Don gratuit accordé au Roi; déclarent exemptes des droits d'amortiſſement, nouveaux acquets & autres, les rentes qui ſeront conſtituées par le Clergé, en conſéquence deſdites Déliberations, au profit des Dioceſes, Beneficiers, Communautés Eccleſiaſtiques, ſeculieres & regulieres, & autres gens de main-morte, ainſi que les rentes qu'ils pourront aequerir de celles qui ſeront conſtituées par le Clergé.

Exemptent des droits du Controlle, Inſinuation & autres de cette nature, les Contracts & autres Actes qui ſeront paſſés par le Clergé general & par les Dioceſes, concernant l'emprunt des huit millions de Don gratuit, & choſes en dépendantes.

Ordonnent que les avertiſſemens, commandemens, aſſignations, ſaiſies, arrêts, executions, quittances, regiſtres, procurations, déliberations, & autres expeditions & diligences à faire pour raiſon du recouvrement de l'impoſition ordonnée par leſdites Déliberations, & de toutes les autres impoſitions faites juſqu'à ce jour ſur le Clergé, continueront d'être faites en papier ou parchemin, non timbré, & ſans être ſujets au payement du Controlle des Exploits.

Du 19. Juillet 1735.

* Arreſt du Conſeil, qui déboute les Maire, Echevins, Habitans & Communauté de la ville de S. Malo, de leur demande, & ordonne que les droits de Brieux continueront d'être perçûs dans les ports de Bretagne, ſuivant l'uſage, & ainſi qu'ils l'ont été juſqu'à preſent.

Du 19. *Juillet* 1735.

Arreſt du Conſeil, qui avant faire droit ſur la Requeſte du Fermier , tendante à la caſſation de celui du Parlement de Bretagne , du 18. Février précedent, & d'un executoire de dépens décerné contre lui pour raiſon des épices exhorbitantes, prétenduës par ſix Avocats choiſis pour Aſſeſſeurs par le Juge des Traittes de Morlaix, à l'effet d'inſtruire & juger le procès aux accuſés d'un vol fait dans la Manufacture du Tabac de ladite Ville , ordonne que le Procureur General enverra les motifs dudit Arreſt pour être vûs & examinés, & être enſuite ordonné ce qu'il appartiendra, toutes choſes juſqu'à ce, demeurant en état.

Du 19. *Juillet* 1735.

Arreſt du Conſeil, qui condamne le nommé Jean-Baptiſte Duval, Maiſtre de la Gabarre *la Jolie Jeanne* en trois cens livres d'amende , faute par lui d'avoir rapporté un certificat de décharge au port de S. Malo, de dix-huit tonneaux de chaux, pourquoi il avoit pris un acquit à caution au bureau de Carteret, ſur la côte de Normandie , & ce nonobſtant la déclaration faite par ledit Duval d'avoir jetté ſa chaux à la mer, dans un cas fortuit, étant ſuſpecté de l'avoir verſée dans les Iſles Angloiſes de Gerſey ou Greneſey.

Du 19. *Juillet* 1735.

Arreſt du Conſeil, qui ordonne que par le Treſorier actuel des octrois de la ville de Bordeaux, il ſera payé au Receveur General des Fermes de ladite Ville une ſomme de mille livres, à prendre ſur les fonds deſtinés au payement des appointemens du feu ſieur Bourillier, Inſpecteur General des Manufactures, aſſignées ſur les octrois par Arreſt du 26. Septembre 1730. ladite ſomme avancée par les cautions de Nicolas Desboves , adjudicataire des Fermes Generales-Unies , au ſieur Tinel, Fabriquant à Dernetal , chargé par ordre du Conſeil de faire differens eſſays concernant quelques fabriques d'étoffes dans differentes Provinces, laquelle somme de mille livres sera allouée sans difficulté au Tresorier ou Receveur desdits droits d'Octrois dans la dépense de ses comptes, en vertu dudit Arrest, & sur la quittance dudit Receveur General des Fermes à Bordeaux.

Du 19. Juillet 1735.

Arrest du Conseil, qui condamne les Officiers du Magistrat de la Ville du Cateau-Cambresis, en leurs propres & privés noms, à payer au sieur Varin, Receveur des Fermes en ladite Ville, une somme de quinze cens livres, par forme de dommages & interests, tant pour raison des insultes & mauvais traitemens à lui faits dans son Bureau par le nommé Joli-bois, Grenadier dans le Regiment de Lorraine, que pour avoir refusé de lui prêter main-forte & de recevoir l'affirmation de son procès verbal ; au payement de laquelle somme , ils seront contraints par toutes voyes, même par corps ; leur enjoint de prêter main-forte & secours aux Employés des Fermes, à leur premiere requisition, à peine de privation de leurs places, & de tous dépens dommages & interests.

Du 26. Juillet 1735.

Arrest du Conseil, qui liquide à la somme de quarante mille livres l'indemnité dûë à Maistre Nicolas Desboves adjudicataire des Fermes Generales Unies, pour la non-joüissance des droits sur les huilles de Poisson, provenant de la pesche Françoise, & arrivées dans le Royaume pendant la deuxiéme année de son bail ; & ordonne en outre que pour le montant de ladite somme de quarante mille livres, il sera expedié au profit dudit Desboves, une Ordonnance de comptant sur le Garde du Tresor Royal, en exercice, laquelle sera convertie en une quittance comptable en déduction duprix de son bail.

Du 26. Juillet 1735.

* Arrest du Conseil, qui proroge pour un an , à compter

du 15. Octobre 1735. l'exemption des droits portés par l'Arrest du 23. Septembre 1732. en consequence, ordonne que
les bleds froments, méteils, seigles, orges, baillarges, &
autres grains, farines & legumes qui passeront des Provinces
des cinq grosses Fermes, dans les Provinces reputées étrangeres, & des Provinces reputées étrangeres, dans celles des cinq
grosses, seront & demeureront exempts de tous droits d'entrée & de sortie, droits locaux, droits d'aydes, & autres generalement quelconques, même des droits d'octrois, appartenans aux villes, lorsque lesdits grains, farines, & legumes
ne feront que passer par lesdites villes, & n'y seront point consommés, à la charge par ceux qui en feront transporter, soit
par eau, ou par terre, de déclarer aux bureaux d'entrée & de
sortie, la quantité & qualité desdits grains, farines, & legumes
ainsi que le lieu de leur destination, & d'en souffrir la visite par
les Commis desdits bureaux, à peine de cinq cens livres d'a-
mende & de confiscation d'iceux en cas de fausse déclaration,
ou faute d'en avoir fait: permet à tous Negocians, Marchands,
ou autres de transporter & faire des envois de grains, farines,
& legumes, d'un port du Royaume dans un autre port, même
dans les ports de Provence, à l'égard desquels les Arrests des 8.
Juillet 1732. 11. Aoust 1733. & 17. Aoust 1734. concernant
la Provence, seront executés selon leur forme & teneur; à la
charge, par les Marchands, Negocians, ou autres, de donner
au sieur Intendant de la Province, de laquelle se fera l'envoi,
une déclaration de la quantité & qualité desdits grains, farines, & legumes qu'ils voudront faire sortir pour une autre Province du Royaume, & de faire leur soûmission pardevant ledit sieur Intendant, de rapporter dans trois mois le certificat
de la décharge des grains; & en outre de se conformer aux
differens Reglemens faits dans les Provinces, concernant le
transport desdits grains, sous les peines y contenuës.

Du 26. Juillet 1735.

* Arrest du Conseil, qui permet pendant un an, à compter
du 15. Septembre 1735. sans qu'il soit besoin de permissions
particulieres, aux Marchands & Habitans, tant de Provence

que des autres Provinces, de faire voiturer en Provence des grains des autres Provinces du Royaume, à la charge seulement, par ceux qui en feront passer pendant ledit temps, de faire pardevant les sieurs Intendans, ou leurs Subdelegués, déclaration de la quantité des grains qu'ils feront transporter dans ladite Province, & leur soûmission de rapporter la preuve du déchargement qui y aura été fait desdits grains : ordonne que tous les grains, farines ou legumes, qui seront voiturées & conduits en Provence, soit par mer, par les rivieres, ou par terre, seront & demeureront exemptes, tant des droits des Fermes que de tous droits locaux, de travers, peages, passages, pontenages, coûtumes, & autres de toute nature, soit qu'ils appartiennent à des Villes & Communautés, ou à des Seigneurs Ecclesiastiques & Laïques ; fait défenses à tous Receveurs, Commis, & autres preposés à la perception des droits, tant des Fermes que des Villes & Communautés, & des Seigneurs particuliers, d'en exiger aucun, pour raison desdits grains, à peine de concussion & de restitution du quadruple, même d'être poursuivis extraordinairement.

Du 6. Aoust 1735.

* Ordonnance de M. le Lieutenant General de Police, qui condamne plusieurs particulieres en chacun deux cens livres d'amende, pour avoir été trouvées vêtuës d'Indienne.

Du 9. Aoust 1735.

Arrest du Conseil, qui casse celui du Parlement & Cour des Aydes de Pau du 2. Decembre 1734. en ce que par icelui, le nommé Sarralier a été admis à faire preuve que le Tabac sur lui saisi, avoit été apporté dans sa maison par les Employés ; confisque le Tabac, & condamne ledit Sarralier en mille livres d'amende & aux dépens.

Du 9. Aoust 1735.

Arrest du Conseil, qui commet le sieur le Pelletier de Beaupré, Intendant & Commiſſaire départi en la Generalité de Châlons, pour inſtruire & juger le procès, tant au nommé Marc le Moine, Courier de la Malle de la route de Metz à Paris, ſur lequel il a été ſaiſi dans la ville de Sainte-Menehoult deux cens aulnes d'Indienne & ſoixante livres de faux Tabac, qu'à ceux qui peuvent être complices, ou participes de ladite contrebande, circonſtances & dépendances; évoque & renvoye pardevant ledit ſieur Commiſſaire départi, toutes les procedures qui pourroient avoir été commencées pour raiſon de ce, en quelque Juriſdiction que ce ſoit, pour être le tout par lui jugé ſouverainement, & en dernier reſſort; lui permet de ſubdeleguer pour l'inſtruction & pour rendre le Jugement à l'extraordinaire, en appellant avec lui le nombre de Gradués requis par l'Ordonnance, & de commettre pour faire les fonctions de Procureur du Roi en ladite Commiſſion, tels Officiers ou Gradués qu'il voudra choiſir.

Du 14. Aouſt 1735.

* Déclaration du Roi, *Regiſtrée en la Chambre des Comptes le 3. Septembre 1735.* portant qu'à l'avenir le Controlleur General des Reſtes joüira d'un ſol pour livre du montant des débets des comptables qui ſeront portés au Tréſor Royal à ſa diligence & que ledit ſol pour livre ſera à la charge des comptables, *contenant VIII. articles.*

Du 23. Aouſt 1735.

* Arreſt du Conſeil, qui exempte des droits de ſortie de la Province de Bretagne, les plombs provenant des mines du Pontpean, ſituées dans ladite Province, & deſtinés pour les autres Province du Royaume, fixe à deux ſols du cent peſant, les droits d'entrées des plombs & de la litarge provenant deſdites mines, & preſcrit les formalités à obſerver pour joüir de l'exemption & moderation deſdits droits, *contenant IV. articles.*

Du 23. Aouſt 1735.

Arreſt du Conſeil, par lequel ſa Majeſté, avant faire droit

les

ſur la Requeſte du Fermier, tendante à la caſſation d'un Arreſt de la Cour des Aydes du 14. Juin 1735. confirmatif d'u-
ne Sentence de la Juriſdiction des Traittes de Guiſe du 23.
Juin 1733. en ce que leſdits Juges, en prononçant la confiſcation d'une piece d'indienne & d'un cheval, ſaiſis ſur le
nommé Philippes Braban, Courier de la poſte aux lettres de
Charleville à Guiſe, n'ont point prononcé d'amende contre lui, ſous prétexte de prétenduës nullités dans le procès
verbal, conſiſtant en ce que les Employez n'avoient pas fait
enregiſtrer leur Commiſſion au Greffe des Traittes de Guiſe,
ordonne l'envoi au Conſeil des motifs dudit Arreſt de la Cour
des Aydes pour être examinés & être enſuite ordonné ce
qu'il appartiendra, toutes choſes juſqu'à ce demeurant en état.

Du 23. Aouſt 1735.

* Arreſt du Conſeil, portant défenſes d'introduire & de-
faire entrer dans le Royaume des bouteilles & caraſſons de
verre, à moins qu'elles ne ſoient des poids & jauge preſcrits
par la Déclaration du Roi du 8. Mars 1735. & qu'après avoir
payé les droits fixés par les Arreſts du Conſeil des 14. Aouſt
1688. & 6. Septembre 1701. Défend pareillement aux Maîtres des Verreries, ſituées ſur les frontieres, de délivrer aucun
certificat aux Maîtres des Verreries étrangeres, pour favo-
riſer l'entrée dans le Royaume, des ouvrages vitrifiés, fabriqués en pays étrangers, & de recevoir ou d'introduire dans
leurs verreries aucuns deſdits ouvrages fabriqués en pays
étranger, ſous les peines portées par ledit Arreſt, &c.

Du 23. Aouſt 1735.

* Arreſt du Conſeil, qui ordonne que conformément à
l'article IX. de l'Arreſt du Conſeil du 18. Janvier 1729. portant Reglement pour les ſerges & autres étoffes qui ſe fabriquent à Aumale, Granvilliers, & autres lieux des environs,
leſdites ſerges & autres étoffes, qui, au retour du foulon, &
lors de la viſite qui en ſera faite dans le bureau de fabrique,
n'auront pas les largeurs preſcrites, faute par le fabriquant d'y

avoir employé le nombre de portées ordonné , seront confisquées , coupées de trois aulnes en trois aulnes, & le Fabriquant condamné en vingt livres d'amende par chaque piece , &c.

Du 27. Aouſt 1735.

* Arreſt du Conſeil , qui fait défenſes aux peſcheurs du
bourg d'Oyſtreham , & à tous autres, de ſe ſervir à l'avenir du
filet nommé *Seinette* , pour la peſche de l'Aiguille ou Lançon,
& pour toute autre peſche.

Du 30. Aouſt 1735.

Arreſt du Conſeil , qui déboute le nommé Jean-François
Deſprez , Maître de forges de la Paroiſſe de Woleon, pays
de Haynault , terre de France, de l'appel par lui interjetté de
l'Ordonnance renduë par le ſieur de Sechelles, Intendant
& Commiſſaire départi en la Province du Haynault, le 17.
Février 1734. pour n'en avoir pas interjetté appel dans le
temps porté par les Reglemens , par laquelle Ordonnance il
a été condamné en trois cens livres d'amende , & en la confiſcation de trois milliers de fer ſur lui ſaiſis pour ne s'être
point trouvez dans ſon magaſin, où ils auroient dû être, ſuivant l'acquit de payement des droits par lui pris à cet effet, au
bureau de la route.

Du 6. Septembre 1735.

* Arreſt du Conſeil, qui proroge juſqu'au premier Septembre mil ſept cens trente-ſix ſeulement , la permiſſion accordée
aux Negocians des Ports & Villes Maritimes du Royaume,
d'envoyer leurs vaiſſeaux directement en Irlande, pour y
acheter des bœufs, & chairs ſalées, & les tranſporter enſuite aux Iſles & Colonies Françoiſes , en faiſant par eux les ſoû-
miſſions requiſes, dérogeant à cet effet à l'article XI. des
Lettres patentes du mois d'Avril 1717.

Du 6. Septembre 1735.

*Ordonnance de Police, qui condamne plusieurs particuliers & particulieres chacun en deux cens livres d'amende, pour avoir été trouvés vêtus d'indienne & d'étoffes des Indes, & confisque lesdites étoffes.

Du 10. Septembre 1735.

* Arrest du Conseil, portant Reglement entre les Libraires & Imprimeurs de Paris, Roüen, Rennes, Saint-Quentin, & autres villes du Royaume, & les Marchands Merciers-Grossiers, Joüailliers desdites Villes, tant pour la visite de la Librairie, à l'arrivée dans lesdites Villes, que pour les sortes de livres dont la vente & le débit est permis ausdits Merciers-Grossiers.

Du 14. Septembre 1735.

* Contrat, par lequel le Roi accepte un don gratuit de dix millions de livres fait par le Clergé, dans son Assemblée generale tenuë en l'année 1735.

Déclare, que les Registres, Rolles, Départemens, Exploits, Procedures, Jugemens, Avertissemens, Commandemens, Assignations, Saisies, Arrests, Executions, Procurations, Déliberations, & toutes les diligences qu'il conviendra faire pour raison, & à l'occasion de la levée, tant dudit Don Gratuit, que pour le recouvrement de toutes les impositions faites jusqu'à ce jour, sur le Clergé, pourront être faits en papier non timbré, & seront déchargés du droit de Controlle des Exploits.

Que les rentes qui seront constituées sur le Clergé par les Gens de Main-morte, pour lesdits dix millions seront exemptes de tous droits d'amortissement & de nouveaux acquets, de controlle, insinuation & autres pareils droits, ainsi que les rentes qui seront par eux acquises ou qui leur seront données & leguées à tel titre, pour quelque cause, & en quelque sorte & maniere que ce puisse être, à l'effet de quoi il

F ij

est dérogé à tous Edits & Déclarations à ce contraires.

Que si les rentes qui seront constituées pour les dix millions venoient à échoir au Roi, par droit d'aubaine, desherence, bâtardise, confiscation, forfaiture ou autrement, aux exceptions portées par les Lettres Patentes du 17. Juillet 1735. expediées sur la Déliberation du Clergé du cinq desdits mois & an, en ce cas, lesdites rentes seront & demeureront éteintes & amorties à la décharge du Clergé, sans que les Fermiers des Domaines y puissent rien prétendre, ni qu'elles puissent être comprises dans les dons que sa Majesté pouroit faire des biens sujets aux droits d'aubaine, desherance, bâtardise, confiscation, forfaiture, ou autres, sans qu'il soit besoin d'en faire une reserve expresse dans les baux des Domaines, ni dans les brevets desdits dons, sa Majesté faisant dès-à-present don au Clergé desdites rentes & arrerages qui se trouveroient dans quelques-uns des cas ci-dessus.

Que les Ecclesiastiques & Beneficiers joüiront, conformément aux précedens contrats, de l'exemption de toutes impositions mises & à mettre sur les denrées, pour la décharge des dettes des Communautés, qui sont ou seront dûës pour subsistance, taxes d'aisés, emprunts, étapes, & autres de cette nature ; comme aussi qu'ils joüiront, ensemble les Communautés seculieres & regulieres de l'un & l'autre sexe, des privileges & exemptions énoncés aux précedents contrats, & que les Edits, Déclarations, Arrests & Reglemens rendus en faveur du Clergé sur le fait des Tailles, Aydes & du sel, soient executés, & sans que les Edits, Déclarations & Arrests expediés pour secours extraordinaires pendant la derniere & presente guerre, en vertu desquels les Ecclesiastiques ont été imposés pour payer sur leurs Benefices des taxes particulieres, ou leur part des rachats desdits Edits & Arrests, puissent être tirés à conséquence contr'eux à l'avenir, sous quelque pretexte & pour quelque cause que ce soit, & sera ledit Contrat, ainsi que les precedens, exempt de la formalité & des droits d'insinuation & de controlle.

Du 20. Septembre 1735.

* Arreſt du Conſeil, qui déclare commune, en faveur des Habitans de Cayenne & de S. Domingue, la Déclaration du 27. Septembre 1732. concernant les Cafés provenans des plantations & culture de la Martinique & autres Iſles Françoiſes de l'Amerique y dénommées; & en conſequence ordonne que les Cafés provenant deſdites Iſles de Cayenne à S. Domingue, joüiront dans les Ports du Royaume dénommés dans ladite Déclaration, du benefice de l'entrepôt accordé aux Cafés de la Martinique & des Iſles de la Guadeloupe, la Grenade & Marie-Galande, à la charge par les Habitans deſdites Iſles de Cayenne & de S. Domingue, de ſe conformer aux diſpoſitions de ladite Déclaration du 27. Septembre 1732.

Du 20. Septembre 1735.

Arreſt du Conſeil, qui ordonne que par le ſieur de Harlay, Conſeiller d'Etat ordinaire, Intendant & Commiſſaire départi en la Generalité de Paris, il ſera procedé à l'adjudication au Rabais & moins diſant, en la maniere accoutumée, des reparations à faire aux bâtimens & lieux dépendans de la Manufacture Royale de Tapiſſeries établie à Beauvais, ſuivant & conformément aux articles énoncés & compris dans le devis qui en a été dreſſé le trois Janvier 1735. du prix deſquels ouvrages les Entrepreneurs ſeront payés ſur les Ordonnances dudit ſieur Commiſſaire départi, au fur & à meſure, ou après la reception d'iceux par Nicolas Desboves, Adjudicataire des Fermes Generales-Unies, auquel il en ſera tenu compte ſur le prix de ſon bail.

Du 20. Septembre 1735.

Arreſt du Conſeil, qui commet le ſieur le Naïn, Intendant & Commiſſaire départi en la Generalité de Poitiers, pour inſtruire & juger le procès aux auteurs, complices, fauteurs, participes, ou adherans, des faits mentionnés dans les informations faites par le Juge de Police de Nyort , pour raiſon des abus commis par pluſieurs commerçans dans l'envoy des grains du Poitou , dont le tranſport a été permis à l'étranger par les Arreſts des 15. Février & 12. Avril 1735. circonſtances & dépendances , évoque & renvoye pardevant ledit ſieur Commiſſaire déparri , les informations & autres procedures , ſi aucunes ont été faites , pour raiſon de ce , en quelque Juriſdiction que ce ſoit , pour être le tout par lui jugé ſouverainement , & en dernier reſſort , lui permet de ſubdeleguer pour l'inſtruction & pour rendre le Jugement à l'extraordinaire , en appellant avec lui le nombre de Graduez requis par l'Ordonnance , & de commettre pour faire les fonctions de Procureur du Roi en ladite Commiſſion tels Officiers ou Graduez qu'il voudra.

Du 27. Septembre 1735.

Arreſt du Conſeil , par lequel ſa Majeſté , avant faire droit ſur la Requeſte du Fermier , tendante à la caſſation de celui de la Cour des Aydes de Bordeaux du 6. Aouſt precedent , confirmatif d'une Sentence du Juge des Fermes de Marſan , par laquelle le nommé Pierre , Fermier d'une metairie , dans la Paroiſſe de Sainte Meilhe , & le ſieur de Minvieille-de-Part , Juge Royal de Mont-Real , en Condomois , proprietaire de ladite métairie , ont été renvoyés abſous de l'amende de trois mille livres par eux encouruë pour plantation de faux Tabac trouvé dans ladite metairie , ſous prétexte de prétenduës nullités dans le procès verbal de ſaiſie , conſiſtant , 1°. En ce que les Employés n'étoient point accompagnés du Juge du lieu , encore qu'il ne ſe fût point trouvé chez lui. 2°. Que l'habitant qui les a aſſiſté , à la place de ceux que le Curé avoit refuſé de leur donner , n'avoit point ſigné le procès verbal , non plus que le Curé. 3°. Que le procès verbal n'avoit point été affirmé devant le Juge des lieux , & qu'il ne paroiſſoit pas que les Employés euſſent ſerment en Juſtice.

Ordonne l'envoy au Conſeil , des motifs dudit Arreſt de la Cour des Aydes de Bordeaux , pour iceux vûs & examinés , être ordonné ce qu'il appartiendra , toutes choſes juſqu'à ce demeurant en état.

Du 27. Septembre 1735.

Arrest du Conseil, qui déboute les nommés Perrier, Bonné, & Maillet Marchands Savoyards, de l'appel par eux interjetté d'une Ordonnance du sieur de Sechelles, Intendant en Haynault, du 18. Janvier précedent, & cependant, par grace, & sans tirer à consequence, modere à la somme de six cens livres la confiscation de neuf cens quatre-vingt quinze livres de fil à coudre, avec trois chevaux sur eux saisis, & l'amende de trois cens livres prononcée contre eux par ladite Ordonnance, pour fausse déclaration dans la quantité & qualité desdites marchandises, arrêtées à une lieuë près de la frontiere du pays étranger.

Du   Septembre 1735.

* Lettre circulaire aux Receveurs du Tabac, concernant les approvisionnemens.

TABLE

DES EDITS, DECLARATIONS,

ARRESTS ET REGLEMENS

Rendus pendant la troisiéme année du Bail de M^c. NICOLAS DESBOVES,

Commencée le premier Octobre 1734. & finie le dernier Septembre 1735.

CONCERNANT les Gabelles de France, Lyonnois, Dauphiné, Provence, Languedoc, Roussillon, Auvergne, Salines de Moyenvick, Gabelles des Eveschez de Metz, Toul & Verdun, Gabelles & Domaines de Franche-Comté & d'Alsace, & Droits manuels.

Du 12. Octobre 1734.

ARREST du Conseil, qui ordonne que nonobstant les défenses portées par les Commissions des Tailles, d'imposer autres ni plus fortes sommes que celles y contenuës, il sera imposé par un Rolle particulier sur tous les Habitans de la Paroisse de Beuvron, Election de

Pont-l'Evêque, par les Collecteurs de l'impôt du sel, actuellement en charge, & au marc la livre d'icelui, la somme de trois cens trente livres douze sols trois deniers, lequel Rolle sera verifié & rendu executoire par le sieur Intendant de Roüen ou son Subdelegué, pour être ladite somme de trois cens trente livres douze sols trois deniers remise par lesdits Collecteurs à Jean Halley, & Thomas Jobey, principaux Habitans de ladite Paroisse de Beuvron, qui avoient été contraints de la payer par l'insolvabilité des Collecteurs de l'impôt de ladite Paroisse de Beuvron de l'année 1732.

Du 12. Octobre 1734.

Arrest du Conseil, qui évoque & renvoye pardevant le sieur de Lesseville, Intendant de Tours, la connoissance de toutes les malversations qui peuvent avoir été commises par les Officiers du Grenier à Sel de S. Florent-le-Vieil, leurs complices, fauteurs, participes ou adherans, pour être le tout par lui jugé souverainement & en dernier ressort, avec tel Presidial de son département qu'il voudra choisir, ou le nombre des Graduez requis par l'Ordonnance ; & lui permet de subdeleguer pour l'instruction & pour rendre les Jugemens à l'extraordinaire.

Nota. Les malversations imputées aux Officiers du Grenier de S. Florent, consistent dans la participation des exactions commises par les Huissiers employés au recouvrement de l'impôt, & avec lesquels ils les partageoient.

Du 12. Octobre 1734.

Arrest du Conseil, qui casse celui de la Cour des Aydes du 11. Mai precedent, rendu au profit de Jacques-Bernard Maupoint, proprietaire du Greffe du Grenier à Sel de la Ville du Mans ordonne conformément aux Arrests du Conseil des 7. Decembre 1723. & 5. Mai 1733. qu'il en sera usé pour la répartition desdites gratifications entre les Officiers du Grenier à Sel du Mans, suivant la Déliberation des Fermiers Generaux du premier Decembre 1721. & enconséquence, que le nommé Corbin, Commis dudit Maupoint sera tenu de rendre compte aux sieurs François-Augustin le Vasseur President, Vincent Dutartre, Grenetier, & François Godefroy, Procureur de sa Majesté audit Siege, chacun pour ce qui les concerne, de leur part & portion dans les épices, droits, émolumens, & vacations qu'il a reçûs & recevra à l'avenir pour eux, & de leur payer ce qui se trouvera leur être dû, à quoi faire contraint, même par corps.

Du 19. Octobre 1734.

* Arrest du Conseil, & Lettres Patentes sur icelui, qui ordonnent la maniere & la forme dans lesquelles les Commis des Fermes du Roi pourront faire les Visites dans les Abbayes & autres Convents de Filles, *Registrées en la Cour des Aydes de Paris, le premier Decembre 1734. au Parlement de Metz le 13. Janvier 1735. au Parlement de Grenoble le 14. au Conseil Superieur de Roussillon le 15. à la Cour des Aydes de Roüen le 17. aux Parlements de Dijon & Pau; & à la Cour des Aydes d'Aix le 19. à la Cour des Aydes de Montpellier le 22. au Parlement de Bretagne le 24. à la Cour des Aydes de Bordeaux le 26. à la Cour des Aydes de Clermontferrant le 31. du même mois de Janvier 1735. & à la Cour des Aydes de Montauban le   Fevrier suivant.*

Du 19. Octobre 1734.

Arrest du Conseil, qui ordonne qu'à la diligence de Me Nicolas Desboves, Adjudicataire des Fermes Generales-Unies, il sera incessamment procedé aux reparations à faire à un des Greniers à Sel de la Ville de Paris, nommé l'Abbaye, conformément au Devis dressé par le sieur de Cotte; & autorise ledit Desboves à en faire les avances, dont il lui sera tenu compte sur le prix de son bail.

Du 19. Octobre 1734.

Arrest du Conseil, qui ordonne que l'article X. de l'Edit du mois d'Aoust 1703. servant de Reglement pour les Ga-

belles du Comté de Bourgogne, fera executé felon fa forme
& teneur; en confequence que le fieur Curé de Savigny &
des Hameaux en dépendans, fera tenu de délivrer fans frais,
les certificats que fes Paroiffiens, Habitans du Comté de
Bourgogne, lui demanderont pour aller prendre du Sel à
l'entrepôt de Lons-le-Saulnier, fans que pour raifon de ce,
il puiffe rien exiger d'eux, pour quelque caufe & fous quelque pretexte que ce foit, & déboute ledit fieur Curé de Savigny de toutes fes autres demandes & prétentions, tendantes
à joüir du privilege d'ufer du fel blanc du Comté de Bourgogne, & de droits pour l'expedition des certificats qu'il déli-
vre à fes Paroiffiens, à l'effet d'aller lever du fel blanc en
Comté, ou un minot de franc-falé.

Du 2. Novembre 1734.

* Arreft du Confeil, qui caffe celui du Parlement de Bretagne du 9. Janvier précedent, en ce qu'il prononce contre
l'Adjudicataire des Fermes Generales, une condamnation de
cinq cens livres de dommages-interefts, & des dépens envers
le nommé Favereau, hôtelier de Pilmy, faux-bourg de Nantes, accufé de donner retraite & de fournir des vivres aux
fauxfauniers.

Du 2. Novembre 1734.

Arreft du Confeil, qui évoque & renvoye pardevant le
fieur Dodart, Intendant de Bourges, la connoiffance des
malverfations qui peuvent avoir été commifes par les nommés Loüis du Cluzeau, dit Lamaziére, Antoine Cantault
l'aîné, Leonard Bruneau, Jean Lefort, Leonard la Sarre, &
Antoine Dubourg, Employés des Gabelles dans les brigades
de Bien-avant, Dublanc en Berry, & autres poftes, accufés
de favorifer le crime de fauxfaunage, enfemble leurs fauteurs, complices, participes ou adherans, pour être le tout
par lui jugé fouverainement & en dernier reffort, en appellant avec lui le nombre de Graduez requis par l'Ordonnance.

Du 23. Novembre 1734.

Arrest du Conseil, portant qu'il sera expedié au profit de Pierre Carlier, Adjudicataire des Fermes Generales, une Ordonnance de comptant sur le Garde du Tresor Royal, de cent quarante-un mille cent quatre-vingt dix-sept livres seize sols onze deniers, pour le remboursement de pareille somme avancée par ledit Carlier, pour grosses reparations, ouvrages, & autres dépenses à la charge de sa Majeste, faites aux salines de Salins, & de Moyenvik, & aux Chemins, Etangs, & Canaux en dépendans.

Du 7. Decembre 1734.

* Arrest du Conseil, pour le payement des droits du peage établi sur le Pont Provisionnel de Mantes, par toutes sortes de personnes privilegiées ou non Privilegiés, à l'exception des Officiers & Archers des Maréchaussées, des Employés des Fermes, des Couriers, Maîtres des Postes, & leurs Postillons & domestiques, conduisans les Couriers seulement, & à leur retour desdites courses ou conduites.

Du 7. Decembre 1734.

Arrest du Conseil, qui commet & subroge le sieur Pallu, Intendant à Moulins, pour au lieu & place du sieur de Vanolles, son predecesseur, continuer & juger souverainement & en dernier ressort, le procès criminel commencé contre les auteurs, complices ou participes, de l'assassinat commis en la personne du sieur de la Chaise, par un nombre considerable de fauxsauniers armés, qui sortoient de la maison de Blaise Teton, Cabaretier au village de la Prade.

Du 7. Decembre 1734.

Arrest du Conseil, qui commet & subroge le sieur Pallu, Intendant de Moulins, pour au lieu & place du sieur de Va—

nolles, son predeceffeur, continuer & juger fouverainement
le procès commencé , tant contre cinq fauxfauniers arrêtés
par les Employés des Fermes en la Paroiffe de S. Didier, du
reffort du Grenier à fel de Vichy, & le Cabaretier qui les
avoit reçûs chez lui, que contre leurs complices, participes
ou adherans, du commerce de faux fel à port d'armes.

Du 7. Decembre 1734.

Arreft du Confeil, qui ordonne que nonobftant les défenfes portées par les Commiffions des Tailles, d'impofer autres
ni plus fortes fommes que celles y contenuës, il fera impofé
en deux années, & par égale portion, par un Rolle particulier, fur les Habitans de la Paroiffe de Mont-Jean, Élection
de Laval, par les Collecteurs de l'impôt du fel, en charge
pendant l'année 1735. & la fuivante, au marc la livre dudit
impôt, la fomme de cinq cens quatre vingt-treize livres feize
fols fix deniers, lequel Rolle fera verifié & rendu executoire
par le fieur Intendant de Tours, ou fon Subdelegué, pour
être ladite fomme remife à Jacques Plattier, Jean le Taillan-
dier, René Monnier, Jean Guyon, & Pierre Emmery, principaux Habitans de ladite Paroiffe de Mont-Jean, qui ont
avancé ladite fomme pour infolvabilité des Collecteurs de
l'impôt de ladite Paroiffe de Mont-Jean en l'année 1726.

Du 7. Decembre 1734.

Arreft du Confeil, qui ordonne que nonobftant les défenfes portées par les Commiffions des Tailles d'impofer autres
& plus fortes fommes que celles y contenuës, il fera impofé
par un Rolle particulier, fur les Habitans de la Paroiffe de S.
Elier, Election de Mayenne, par les Collecteurs de l'impôt
du fel, en charge l'année 1735. & au marc la livre d'icelui, la
fomme de deux cens quatre-vingt quatre livres un fol onze
deniers, lequel Rôlle fera verifié & rendu executoire par le
fieur Intendant de Tours, ou fon Subdelegué, pour être ladite fomme remife à Jacques Liron, du Chatelier, Julien
Maulavé, Jean Laize, & Michel Bouffin, Habitans de ladi-

te Paroiſſe, qui l'ont avancée pour l'inſolvabilité des Collecteurs de l'impôt de ladite Paroiſſe en l'année 1730.

Du 7. Decembre 1734.

Arreſt du Conſeil, qui avant faire droit ſur la Requeſte du
Fermier, tendante à la caſſation d'un Arreſt de la Cour des
Aydes de Roüen, du 7. Aouſt précedent, en ce qu'il modere
une amende prononcée par Sentence du Grenier de Carrouges, par laquelle la Dame veuve du Chenay-le-Marié, avoir
été condamnée en cent cinquante livres d'amende, & en
trente livres de reſtitution de droits de Gabelles, pour n'avoir
levé du ſel au Grenier & en avoir acheté au Regrat, & déchargée de toutes pourſuites pour raiſon du faux ſel trouvé
dans la haye de ſon jardin, non fermé de murs ; ordonne que
le Procureur General enverra au Conſeil les motifs de l'Arreſt de ladite Cour, toutes choſes juſqu'à ce demeurantes en
état.

Du 14. Decembre 1734.

* Arreſt du Conſeil, qui commet le ſieur Fuzilier pour faire
le recouvrement du Dixiéme des appointemens des Commis & Employés dans les Fermes, Sous-Fermes, & autres
affaires de Finances, ainſi que celui des droits attribuez à
differens Officiers, Corps & Communautez de la Ville de
Paris, & autres Dixiémes particuliers, conformément aux
Rolles qui en ſeront arrêtés au Conſeil, à la diligence du
ſieur de Ternantes.

Du 21. Decembre 1734.

Arreſt du Conſeil, qui interdit les ſieurs de Chepy & le
Seigneur, des fonctions de leurs Charges de Grenetier &
Controlleur au Grenier à ſel d'Eu & Treport, pour leur conduite irréguliere & préjudiciable aux droits des Fermes du
Roi.

Du 21. Decembre 1734.

* Arreſt du Conſeil, qui en caſſe un du Parlement de Bretagne du 12. Février 1734. par lequel ìe nommé Gilles Bazin, du village de Mazet, Paroiſſe de Tremblay, fauxſau-
nier Breton, avoit été déchargé de la conſiſcation du faux ſel
ſur lui ſaiſi dans les deux lieuës limitrophes des Provinces de
Bretagne & Normandie, enſemble de l'amende & de la peine du banniſſement contre lui prononcées, par Sentence des
Juges du Dépôt de Fougeres du 6. Mai 1733. & ordonne
l'execution de ladite Sentence.

Du 23. Decembre 1734.

* Arreſt de la Cour des Aydes de Paris, qui déclare nulles,
tant la procedure faite, que la Sentence définitive renduë par
les Officiers du Grenier à ſel de Peronne contre les nommés
Coquet, Romain, Desjardins, & Vaſſeur, violemment ſuſpectés de violences, voyes de fait & meurtre commis en la
perſonne d'un Employé de la brigade ambulante de Rouſſoy,
ſur les motifs que les Requeſtes en plaintes, décrets & permiſſions d'informer n'avoient été ſignés que d'un Juge; renvoye l'inſtruction de ladite procedure pardevant les Officiers
de l'Election dudit Peronne; & par forme de Reglement,
fait défenſes aux Officiers des Elections & Greniers à ſel du
reſſort de ladite Cour, dans les procès criminels qui s'inſtruiront, de répondre ſeuls les Requeſtes à fin de permiſſion d'informer, & de rendre ſeuls aucuns décrets & Jugemens à fin
de recollement; leur enjoint de rapporter leſdites Requeſtes
& informations au Bureau & Chambre du Conſeil pour y être
déliberé; ordonne que les Ordonnances & Jugemens ſeront
ſignés par trois Officiers au moins dans les Elections, & au
moins par deux dans les Greniers à ſel, ſans que pour les Ordonnances portant permiſſion d'informer, ils puiſſent prendre aucunes épices, à peine de nullité; & qu'au défaut du
nombre ſuffiſant de Juges pour rendre leſdites Ordonnances,
Jugemens & Sentences, ledit Preſident & les Officiers nom-

meront

meront les plus anciens Avocats, Graduez ou Praticiens.

Du 28. Decembre 1734.

* Arreſt du Conſeil & Lettres Patentes, *Regiſtrées en la Cour des Aydes le 8. Mars 1735.* qui permettent aux Habitans de la ville de Charleville & dépendances, d'emprunter une ſomme de quarante mille livres pour faire conſtruire des caſernes dans ladite Ville, & autoriſe à cet effet l'impoſition de ſix deniers par livre de ſel qui ſera vendu & diſtribué dans ladite Ville & dépendances, le produit de laquelle impoſition dont qui que ce ſoit ne ſera exempt, ſinon les Capucins & Recolets, ſera employé au payement des intereſts dudit emprunt.

Du 28. Decembre 1734.

Arreſt du Conſeil, qui permet à Pierre Carlier, ci-devant Adjudicataire des Fermes Generalles-Unies, de preſenter au Conſeil un ſeul état au vrai de la retenuë du Dixiéme ſur les parties employées dans les Rôlles y arrêtés pour les ſix années de ſon bail ; & enſuite un ſeul compte de ladite retenuë à chacune des Chambres où il en doit être compté, leſquels comptes le Fermier ſera tenu de preſenter trois mois aprés l'arrêté des Etats au vrai, moyennant quoi, il eſt déchargé des amendes auſquelles il a été ou pourroit être condamné faute de les avoir preſenté dans le temps de l'Ordonnance ; enſemble des intereſts auſquels il pourroit auſſi être condamné, ſuivant la Déclaration du Roi du 27. Decembre 1701.

Du 4. Janvier 1735.

Arreſt du Conſeil, qui ordonne que par le ſieur le Pelletier de Beaupré, Intendant de la Generalité de Châlons, il ſera inceſſamment procedé à l'adjudication au rabais, & moins diſant des réparations à faire aux Greniers à ſel de Cormici, le montant deſquelles ſera avancé par le Fermier auquel il en ſera tenu compte ſur le prix de ſon bail, &c.

Du 11. Janvier 1735.

* Arreſt du Conſeil, qui ordonne que les Habitans de la Paroiſſe de Baillon, en Artois, & enclavée en Picardie, feront tenus de payer les droits d'entrée & de ſortie ſur les marchandiſes de leur crû qu'ils feront paſſer en Picardie ou qu'ils tireront de ladite Province pour leur uſage & conſommation; les exempte deſdits droits ſur les marchandiſes qu'ils tireront de ladite Province d'Artois pour leur conſommation & ſur celles de leur crû qu'ils pourront y envoyer, fixe à cent cinquante livres de ſel blanc, poids de marc, la conſommation deſdits Habitans, pour ſept perſonnes par an, pour pot & ſaliere ſeulement, & évaluë à trois livres de tabac par mois la conſommation pour chaque chef de famille de ladite Paroiſſe de Baillon.

Du 11. Janvier 1735.

Arreſt du Conſeil, qui ordonne la levée à perpetuité au profit du Bourg d'Ault, ſur mer, de cinq ſols par minot de ſel de franchiſe qui ſera diſtribué au Grenier à ſel dudit Bourg, aux Habitans d'icelui ſeulement, le produit deſquels cinq ſols ſera employé aux affaires & beſoins de la Communauté dudit Bourg d'Ault.

Du 25. Janvier 1735.

Arreſt du Conſeil, qui leve l'interdiction prononcée contre les ſieurs de Chepy & Leſeigneur, Grenetier & Contrôlleur au Grenier à ſel d'Eu & Treport, par celui du 21. Decembre 1734. en conſequence, les renvoye aux fonctions de leurs Offices.

Du premier Fevrier 1735.

* Arreſt de la Cour des Ayes de Paris, qui reçoit Nicolas Desboves Adjudicataire des Fermes Generalles-Unies, & de la vente excluſive du Tabac, Appellant d'une Sentence renduë en l'Election d'Amiens le 23. Decembre 1734. par laquelle il a été fait défenſes à ſes Commis de s'immiſcer à

l'avenir d'aller en visite chez les notables bourgeois, & aux Serruriers & Maréchaux de ladite Ville d'ouvrir les portes, qu'ils n'en ayent obtenu la permission des Juges de ladite Election, tient l'appel de ladite Sentence pour bien relevé, permet au Fermier de faire intimer sur ledit appel qui bon lui semblera, défend d'executer ladite Sentence aux chefs ci-dessus, & aux Officiers de l'Election d'Amiens d'en rendre à l'avenir de pareilles, ni de passer outre, & faire poursuite ailleurs qu'en la Cour des Aydes de Paris, à peine de nullité, mille livres d'amende, dépens dommages & interêts.

Du premier Fevrier 1735.

Arrest du Conseil, portant qu'une somme de six cens soixante-treize livres six sols cinq deniers, dont les collecteurs de l'impôt du sel de la Paroisse d'Ahuillé, Election & Grenier à sel de Laval, en l'année 1725. se sont trouvé redevables & hors d'état de payer, sera réimposée sur tous les Habitans de ladite Paroisse par un Rôlle particulier & au marc la livre de l'impôt du sel de l'année 1735. lequel sera verifié & rendu executoire par le sieur de Lesseville, Intendant & Commissaire départi en la Generalité de Tours, ou par son Subdelegué, laquelle somme de six cens soixante-treize livres six sols cinq deniers, sera repartie entre les principaux Habitans de ladite Paroisse, qui en ont fait l'avance au Fermier en l'acquit desdits Collecteurs.

Du 8. Fevrier 1735.

Arrest du Conseil, portant qu'avant faire droit sur la Requeste de Nicolas Desboves, Adjudicataire des Fermes Generales, tendante à la cassation, tant d'une Sentence du Grenier à sel d'Ingrande, portant main-levée d'une saisie de chairs sallées avec du sel d'impôt, sans permission, sous pretexte que les Employés n'avoient point prêté serment en la Jurisdiction dudit Grenier, & que leurs noms n'étoient point inscrits dans un tableau au Greffe d'icelle ; que d'un Arrest de la Cour des Aydes du 3. Septembre 1734. M. le Procureur General de ladite Cour, envoyera au Conseil les motifs dudit Arrest, toutes choses jusqu'à ce demeurant en état.

Du 14. Fevrier 1735.

Jugement souverain, rendu par M. de Tourny, Intendant de Limoges, qui condamne par contumace aux Galeres à perpetuité, & à la marque des lettres G. A. L. Jean Goumy, du bourg de S. Christophe, convaincu d'avoir favorisé differentes bandes de fauxsauniers armés en nombre, au-dessus de cinq, & de leur avoir vendu du sel; condamne aussi par contumace, Jean Bayon, du village de Mounismes Paroisse saint Christophe, Pierre Villard, dudit bourg saint Christophe, & Noblet, Huissier de la Chapelle Taillefer, convaincus d'avoir vendu nuitamment du sel à des fauxsauniers ou adherans, à trois ans de bannissement desdites Paroisses de saint Christophe & la Chapelle Taillefer, leurs domiciles ordinaires, & de vingt lieuës à la ronde , & prononce differentes amendes & autres peines contre plusieurs particuliers pour raison des abus par eux commis dans leur commerce de sel.

Du 15. Fevrier 1735.

Arrest du Conseil, qui permet aux Abbé, Prieur & Religieux de Premontré de la Ville de Saint-Quentin, de faire bâtir sur une place à eux appartenante en ladite Ville dans l'espace d'un an, de nouveaux greniers à sel & dépôt de la même continence, que ceux dont on se sert actuellement; ordonne qu'après leur construction les cautions de Nicolas Desboves, Adjudicataire des Fermes Generales-Unies, seront tenus de passer un bail ou traité avec lesdits Abbé, Prieur & Religieux sur le pied de huit cens ving-cinq livres & quatre minots de sel par an, lequel loyer sera payé par ledit Desboves, à commencer du jour que lesdits Greniers seront en état d'y emplacer des sels, & continué par ses successeurs de bail en bail.

Du 15. Fevrier 1735.

Arrest du Conseil, qui supprime le droit de Péage, appellé Droit de Boëte, consistant en deux sols par muid de sel
mesure de Nantes, montant la riviere de Loire, prétendus par
les Maire, Echevins, Habitans de la Ville de Nantes ; leur
fait défenses d'en continuer la perception à l'avenir, à peine
de restitution des droits qui auroient été exigés, & d'une amende arbitraire au profit de sa Majesté, & contre leurs Fermiers
ou Receveurs d'être poursuivis extraordinairement comme
concussionnaires, & punis comme tels suivant la rigueur des
Ordonnances, ordonne que l'Arrest du Conseil du 23. Novembre 1700. sera executé selon sa forme & teneur ; en consequence, que lesdits Maire, Echevins & Habitans de ladite
Ville de Nantes, seront tenus de faire balizer & nettoyer la
riviere de Loire dans l'étenduë de ladite Province, à peine
de tous dépens, dommages & interests envers les Marchands
& voituriers, & de suppression des droits d'Octroy dont jouït
ladite Ville, condamne lesdits Maire, Echevins & Habitans
de ladite Ville de Nantes à payer à sa Majesté entre les mains
du Receveur General des Fermes à Nantes, la somme de
dix-huit mille livres par forme de restitution pour leur induë
joüissance dudit droit de deux sols par muid de sel depuis le
premier Février 1702.

Du premier Mars 1735.

Arrest du Conseil, qui admet le sieur Alexandre Marc-
René Etienne, pour travailler dans le service des Fermes,
conjointement avec le sieur Philbert Etienne, Ecuyer sieur
Daugny son pere.

Du 8. Mars 1735.

Arrest du Conseil, qui du consentement des Interessés aux
Baux de Nicolas Desboves agrée la cession volontaire du
sieur Georges-Loüis Mareschal de l'interest qu'il a dans les
Fermes Generalles & du tabac en faveur du sieur Jacques-

Jeremie Rouſſel, à commencer du premier Octobre 1734.

Du 15. Mars 1735.

Arreſt du Conſeil, portant avant faire droit ſur la Requê-
te du Fermier, tendante à la caſſation de celui de la Cour des
Comptes, Aydes & Finances de Normandie, du 19. Janvier
precedent, par lequel un procès verbal de ſaiſie domiciliaire de faux ſel, a été annullé ſous pretexte que le ſurnom d'un
des Employés ſaiſiſſans étoit obmis dans le texte du procès
verbal, quoiqu'il l'eût ſigné à la fin, que le Procureur General
envoyera au Conſeil les motifs dudit Arreſt, pour être examinés, toutes choſes, juſqu'à ce, demeurant en état.

Du 16. Mars 1735.

* Arreſt de la Cour des Aydes de Paris, portant que Mar-
guerite-Thereſe Renault, fille majeure, & heritiere de feu
Faron Renault, ſon frere, vivant Receveur des droits du Pont
de Joigny, ne peut profiter des Lettres de Benefice d'inventaire par elle obtenuës, & qui ordonne que dans quainzaine,
elle ſera tenuë de renoncer à la ſucceſſion de ſon frere, ſinon
& à faute par elle de le faire dans ledit temps, la condamne
à payer le débet du compte de ſon frere.

Nota. Cet Arreſt juge, que l'heritier d'un Receveur des Fermes, mort reliquataire,
ne peut profiter de la faveur des Lettres de Benefice d'Inventaire, & doit renoncer à
la ſucceſſion, ſinon payer le debet du Receveur.

Du 18. Mars 1735.

* Déliberation de la Compagnie du bail de Nicolas Desboves, ſur le partage du produit des ſaiſies & confiſcations faites dans une direction par les Employés d'une Direction voi-
ſine, tant pour les Traittes, Gabelles, que pour Tabac.

Du 21. Mars 1735.

Déciſion du Conſeil, qui juge que les droits manuels ſont

dûs par le sieur de Villenrnoy, sur six minots trois quarts de sel, qu'il a droit de prendre au Grenier à sel de Joigny, en qualité de propriétaire de six septiémes du droit de chablage établi sur les batteaux de sel qui passent sous le pont de Villeneuve-le-Roy, sur la riviere d'Yonne.

Du 22. Mars 1735.

Arrest du Conseil, qui permet, par provision, aux Entrepreneurs des Voitures des sels, de faire faire cette année les mêmes ouvertures que celles qui ont été faites les années précedentes aux Ecluses du Perthuis de Bailly, sur la riviere d'Yonne, pour faciliter le montage des batteaux chargés de sel.

Du 23. Mars 1735.

*Jugement souverain, rendu par M. Colleau, Lieutenant Criminel au Presidial de Melun, & Commissaire député en Dauphiné, par Arrest du Conseil du 31. Mars 1733. pour informer & juger les contrebandiers répandus dans ladite Province, & dans celles de Lyonnois, Bourgogne, Provence, Languedoc, & Auvergne, qui condamne le nommé Jean-Antoine Mathivet, dit communément Antoinette, à être rompu vif, pour avoir été un des chefs de differentes bandes de contrebandiers, attroupés & armés, qui ont commis les excès, violences, voyes de fait, meurtres & assassinats y mentionnés.

Du mois d'Avril 1735.

*Edit du Roi, qui accepte les offres de la Province du Duché de Bourgogne, de payer au Trésor Royal une somme de huit cens vingt mille livres, y compris les six deniers pour liv. au moyen de quoi l'Edit du mois de Novembre 1733. en ce qui concerne le rétablissement des Offices de Maires, Lieutenans de Maires, Echevins, Assesseurs, Secretaires, Greffiers des Hôtels de Ville, leurs Controlleurs Anciens - Mi-Triennaux & Alternatifs Mi-Triennaux, & ceux des Avocats & Procureurs desdits Hôtels de Ville, n'aura aucune execution dans ladite Province, non plus que dans les Comtés de Charolles, Macon, Auxerre, Bar-fur-Seine, & autres pays dépendans defdits Etats, maintient lefdits Etats, leurs Elûs, les Confeils defdits pays, les Villes & Communautés dans le droit & poffeffion où ils font de commettre à tous les Offices municipaux, ordonne que tous les pourvûs defdits Offices, par Commiffion defdits Etats, Elûs, Confeils, Villes & Communautés, continuëront de joüir de tous les privileges, prerogatives, exemptions, & jurifdictions attribués aufdites Offices par les Edits de création & de réünion aufdits Etats & pays, proroge la levée & perception des octrois dont joüit ladite Province, & permet d'en établir dans les Villes où il n'y en a point.

Du 5. Avril 1735.

Arreft du Confeil, portant que les Officiers & Commis au contre-mefurage des fels d'Ingrande, transferé au Pont de Cé, & à Lapointe de Rufbourg en Anjou, rapporteront dans un mois au Confeil, les Titres en vertu defquels ils pretendent differents droits fur les fels venans de Nantes pour le fourniffement des Greniers à fel de la riviere de Loire & autres y affluentes, finon & à faute de ce faire dans ledit temps, & icelui paffé, leur défend de continuer la perception des droits par eux prétendus.

Du 5. Avril 1735.

Arreft du Confeil, qui ordonne l'execution d'une vente de bois faite par le Comte de Ruffey, dans la foreft de Vaifures, près Lons-le-Saunier, en Franche-Comté, au profit des nommés Tobin & Michot, fi mieux n'aiment les Entrepreneurs de la Saline de Montmorot, ufer de la fubrogation prononcée en leur faveur par l'article VII. de l'Arreft du 23. Février 1734. concernant la fourniture des bois neceffaires à la cuite & formation des fels, aux conditions y portées, ce qu'ils feront tenus d'opter dans un mois, finon ils en demeureront déchus.

Du

Du 5. Avril 1735.

Arreſt du Conſeil, qui déboute les francs & anciens porteurs de ſel de la Ville de Caën de leurs demandes & prétentions, tendantes à faire, à l'excluſion de tous autres, les meſu-
rages, deſcentes, emplacemens, & relevemens des ſels dans
ladite ville, & ordonne l'execution de l'Arreſt du Conſeil du
14. Septembre 1734. par lequel le Fermier a été autoriſé à ſe
ſervir de tels ouvriers qu'il voudra choiſir pour leſdits meſu-
rages, deſcentes, emplacemens & relevemens.

Du 5. Avril 1735.

Arreſt du Conſeil, qui évoque en icelui, l'inſtance pendan-
te devant les Officiers du Grenier à ſel de Daneſtal, contre
les nommés George Roberge, domeſtique; Nicolas Duclos,
de la Paroiſſe d'Angerville; Robert & Pierre Bazin, de la
Paroiſſe de S. Jouen, & tous autres accuſés de fauxſaunnage
ou de complicité du débarquement frauduleux qui s'eſt fait
la nuit du 13. au 14. Mars 1735. près le faux port nommé la
Vuë de la Mare, Paroiſſe de Blouville, circonſtances & dépendances, & icelle a renvoyé & renvoye pardevant le ſieur
de la Bourdonnaye, Intendant & Commiſſaire départi en la
Generalité de Roüen, pour être par lui ladite inſtance inſtrui-
te & jugée définitivement, & en dernier reſſort, en appellant avec lui le nombre de Graduez requis par l'Ordonnance, & de commettre pour faire les fonctions de Procureur
du Roi en ladite Commiſſion, tels Officiers ou Gradués qu'il
voudra choiſir, ordonne en outre que les charges & informations & autres procedures faites au Grenier à ſel de Daneſtal,
pour raiſon de ce, ſeront remiſes au Greffe de ladite Commiſſion.

Du 19. Avril 1735.

Arreſt du Conſeil, pour faire expedier au profit de Nicolas
Desboves adjudicataire des Fermes Generales Unies, une
Ordonnance de comptant ſur le Garde du Treſor Royal, en

exercice de la somme de trente mille neuf cens quinze livres
sept sols cinq deniers, pour le montant des reparations faites à
l'un des Greniers à sel de la Ville de Paris, nommé l'Abbaye,
laquelle somme lui sera payée en une quittance comptable
sur & en déduction du prix de son bail.

Du 19. Avril 1735.

*Arrest du Conseil, qui maintient la Dame de Belleforie-
re heritiere du feu sieur President de Maisons, dans la possession
& joüissance des neuf dixiémes du droit de péages qui se perçoit dessus le pont de Poissy, & sur les batteaux chargés de marchandises passant sur la riviere de Seine sous ledit pont,
lesdits droits consistant entr'autres en vingt sols par chaque navée de sel.

Du 19. Avril 1735.

*Arrest du Conseil, qui maintient les Chanoines & Chapi-
tre de Nôtre-Dame de Poissy dans la possession & joüissance
du Dixiéme par eux prétendu dans le droit de peage qui se
perçoit dessus le Pont de Poissy, & sur les batteaux chargés
de marchandises passant sous ledit pont; lesdits droits consistant entr'autres en vingt sols par chaque navée de sel en Grenier.

Du 19. Avril 1735.

Arrest du Conseil, qui commet le sieur Dodart, Intendant
& Commissaire départi dans la Generalité de Bourges, pour
instruire & juger souverainement & en dernier ressort, le procès au Chevalier de Ravenelle, ensemble aux complices,
fauteurs, participes ou adherans du commerce de faux
sel dont il est accusé & des intelligences qu'il a entretenuës
avec les fauxsauniers pendant qu'il avoit le commandement
de la brigade de Bienavent, circonstances & dépendances,
évoque & renvoye pardevant ledit sieur Commissaire départi,
toutes les procedures qui pourroient avoir été commencées
pour raison de ce en quelque Jurisdiction que ce soit, pour
être le tout par lui jugé souverainement & en dernier ressor,

lui permet de subdeleguer, pour l'instruction & pour rendre les Jugemens à l'extraordinaire, en appellant avec lui le nombre de Gradués requis par l'Ordonnance, & de commettre pour faire les fonctions de Procureur du Roi en ladite Commission tels, Officiers ou Gradués qu'il voudra choisir.

Du 19. Avril 1735.

Arrest du Conseil, qui ordonne l'execution de celui du 23. Février 1734. concernant les bois destinés à la cuite & formation des sels dans les salines de Montmorot, & Lons-le-Saunier en consequence casse & annulle une Ordonnance renduë par le sieur Dauxy, Grand Maistre des Eaux & Forests du Duché & Comté de Bourgogne, du 17. Mars 1734. par laquelle il prétend être seul en droit d'établir des Gardes pour la conservation des Forests du Roi, suivant l'Arrest du 22. Aoust 1730. lui fait défenses de rendre de semblables Ordonnances à l'avenir, & aux Officiers des Maistrises des Eaux & Forests, d'interrompre l'execution des Ordonnances du sieur Intendant & Commissaire dans la Province du Comté de Bourgogne, à peine d'interdiction.

Du 24. Avril 1735.

Arrest du Conseil, qui commet le sieur Pallu, Intendant & Commissaire départi en Bourbonnois, à l'effet d'instruire & juger souverainement & en dernier ressort, le procès aux auteurs, complices, fauteurs, ou participes de l'assassinat commis le 29. Mars 1735. près la Paroisse de Chavon, Election d'Evaux, en la personne des nommés Annet, Goursonnet, & Jacques Lecuyer, Employés de la brigade de Vergeat, par des fauxsauniers armés, qui avoient été charger du sel aux Salorges de Charensat, circonstances & dépendances, évoque & renvoie pardevant ledit sieur Commissaire départi toutes les procedures qui pourroient avoir été commencées pour raison de ce, en quelque Jurisdiction que ce soit, lui permet de subdeleguer pour l'instruction & pour rendre les Jugemens à l'extraordinaire, en appellant avec lui le nombre de Gradués requis par l'Ordonnance, & de commettre pour faire les fonctions de Procureur du Roi en ladite Commission tels Officiers ou Gradués qu'il voudra choisir.

Du 3. Mai 1735.

Arrest du Conseil, qui ordonne que par le sieur de Harlay, Intendant & Commissaire départi en la Generalité de Paris, il sera incessamment procedé à la publication & adjudication au rabais & moins disant, des ouvrages & reparations à faire, aux bâtimens dépendans de l'Hôtel des Fermes à Versailles, suivant le devis estimatif qui en a été dressé par le sieur de Cotte, du montant desquels ouvrages & reparations les Entrepreneurs seront payés sur les Ordonnances dudit sieur de Harlay par Nicolas Desboves, adjudicataire des Fermes Generalles Unies, auquel il en sera tenu compte sur le prix de son bail.

Du 10. May 1735.

* Arrest du Conseil, qui ordonne que les proprietaires & Fermiers du Pont de Baucaire, seront tenus à la premiere requisition qui leur en sera faite de la part de l'Entrepreneur des Voitures des sels, ses preposez & Commis, d'ouvrir les arcades destinées aux passages des batteaux, tant du côté de Baucaire, que de celui de Tarascon, que les proprietaires des moulins placés sur le Rhône, la Saône, & l'Izere, seront tenus de les ranger contre terre, lorsqu'ils verront approcher les équipages des Voitures des sels, & qu'ils en seront requis par l'Entrepreneur ou ses Commis, &c.

Du 10. May 1735.

Arrest du Conseil, qui ordonne que par le sieur le Peletier de Beaupré, Intendant & Commissaire départi en la Generalité de Champagne, il sera procedé à l'adjudication au rabais, & moins disant en la maniere accoûtumée, des ouvrages & reparations à faire aux Greniers d'Arcis-sur-Aube, du prix desquels ouvrages les Entrepreneurs seront payés sur les Or-

donnances dudit fieur de Beaupré, par le Fermier des Gabelles, auquel il en fera tenu compte fur le prix de fon bail.

Du 10. May 1735.

Arreft du Confeil, portant que les dépenfes faites & à faire, concernant les reparations & arpentages neceffaires aux
forefts affectées à la faline de Salins, feront avancées par Nicolas Desboves, adjudicataire des Fermes Unies, des deniers
de la recette generalle des falines de Salins, fur les Ordonnances du fieur de Vanolles, Intendant en Franche-Comté,
& non autrement, defquelles dépenfes il lui fera tenu compte
fur le prix de fon bail.

Du 10. May 1735.

Arreft du Confeil, portant qu'il fera expedié au profit de
Pierre Carlier, précedent adjudicataire des Fermes Generalles, une Ordonnance de comptant fur le Garde du Trefor
Royal en exercice, de la fomme de quatre mille livres pour
fon rembourfement de partie des avances qu'il a faites aux
Salins d'Yers, & que ledit Carlier fera rembourfé par Nicolas Desboves fon fucceffeur, de la fomme de dix mille neuf
cens livres, à laquelle monte le furplus defdites avances.

Du 10. May 1735.

Arreft du Confeil, portant que toutes les dépenfes faites &
à faire concernant les reparations, entretien des chemins &
arpentage des forefts affectées à la faline de Montmorot, en
Franche-Comté établie par Lettres patentes du 2. Juin 1733.
feront avancées par Maiftre Nicolas Desboves adjudicataire des Fermes Generalles Unies, des deniers de la recette
generalle des falines de Salins, fur les Ordonnances du fieur
de Vanolles, Intendant & Commiffaire départi en ladite
Province, & non autrement, defquelles dépenfes il en fera
tenu compte audit Desboves fur le prix de fon bail, en rap-
portant les Ordonnances dudit fieur Intendant & les quittan-

ces pardevant Notaires de ceux au nom defquels le payement des fommes y portées aura été ordonné.

Du 31. May 1735.

Lettres patentes, fur Arreft du Confeil du 13. Octobre mil fept cens vingt-deux, *Regiftrées en la Chambre des Comptes de Dole le 23. Juin 1735.* qui permettent aux Capitaines Generaux des Fermes de fe transporter, quand bon leur femblera, dans les maifons des Ecclefiaftiques, Nobles, Bourgeois, & autres de leur département, pour y faire les recherches & vifites de faux-fel en fe faifant accompagner d'un Garde ou de deux témoins, qui feront tenus de figner les procès verbaux avec lefdits Capitaines Generaux, à peine de nullité.

Du 31. May 1735.

Arreft du Confeil, qui ordonne la levée pendant quatre années, à commencer du premier Octobre 1735. d'une cruë, ou augmentation de quarante fols par minot de fel qui fera vendu & diftribué dans les Greniers & Chambres à fel du pays de Bugey, pour les deniers en provenans être remis à celui des Syndics du Tiers Etat dudit pays, qui fera nommé par l'Intendant de la Province de Bourgogne, fans que pour raifon de ce, ledit pays de Bugey foit tenu d'aucun dédommagement ni indemnité envers le Fermier des Gabelles; affecte le produit de ladite cruë au payement des abonnemens faits & continués pour tenir lieu de la perception des droits fur les huiles dans ledit pays de Bugey, fuivant les Arrefts des 3. Juin & 23. Septembre 1732. ainfi qu'au rembourfement des fommes qui pourroient avoir été empruntées pour acquitter lefdits abonnemens & autres dettes & charges dudit pays & affujettit toutes perfonnes de quelque qualité & condition qu'elles foient, privilegiés ou non privilegiés, Ecclefiaftiques, Gentilshommes & autres qui joüiffent de franc-falé ou de gratification au payement de ladite cruë de quarante fols par minot.

Du 14. Juin 1735.

Arrest du Conseil, qui ordonne la communication au Fermier des Aydes des Generalités de Bourgogne, & Moulins, de la Requeste de Nicolas Desboves adjudicataire des Fermes Generalles Unies, tendante à ce que les vins, denrées & provisions necessaires à la nourriture des hommes & des chevaux employés à la voiture & conduite des sels destinés pour le fournissement des greniers à sel, soient exempts des droits d'octroi & deniers patrimoniaux établis dans les Villes de Nevers & Dezize, pour la réponse du Sous-Fermier vûe & examinée être par sa Majesté ordonné ce qu'il appartiendra, toutes choses jusqu'à ce demeurant en état.

Du 14. Juin 1735.

Arrest du Conseil, qui ordonne que par le sieur Bernage de S. Maurice, Conseiller d'Etat, Intendant & Commissaire départi en la Province de Languedoc, il sera procedé à l'adjudication au rabais & moins disant en la maniere accoutumée, des ouvrages & reparations à faire aux nouvelles prisons de la Ville de Toulouse, destinées à renfermer les fauxsauniers, la dépense desquels ouvrages & reparations sera avancée sur les Ordonnances de l'Intendant par Nicolas Desboves adjudicataire des Fermes Generales Unies, auquel il en sera tenu compte sur le prix de son bail; ordonne en outre qu'après lesdites reparations finies, ledit Desboves & les Fermiers qui lui succederont, seront tenus d'entretenir lesdites nouvelles prisons de toutes reparations generalement quelconques.

Du 14. Juin 1735.

Arrest du Conseil, qui déboute Philbert Curtil, Procureur du Roy au Bailliage & Siege Presidial de Bourg-en-Bresse, & en la Jurisdiction des Gabelles du Lyonnois, des fins & conclusions de sa Requeste, tendante à ce qu'il soit re-

levé de l'interdiction prononcée contre lui par Arrest du 27.
Avril 1734.

Du 21. Juin 1735.

Arrest du Conseil pour faire tenir compte à Maistre Nicolas Desboves, adjudicataire des Fermes Generalles Unies,
& de celle du Tabac sur le prix de son bail, de la somme de
sept cens soixante-quatorze livres six sols, à quoi se sont trouvées monter les reparations faites aux prisons de Valence.

Du 21. Juin 1735.

Arrest du Conseil, pour faire expedier au profit de Nicolas
Desboves, adjudicataire des Fermes Generalles Unies, une
Ordonnance de comptant sur le Garde du Tresor Royal en
exercice, de la somme de neuf mille quatre cens quatre-
vingt dix-neuf livres seize sols quatre deniers par lui avancée
pour reparations faites aux chemins qui conduisent aux salines de Salins, en Franche-Comté, pour valeur de laquelle
il lui sera délivré une quittance comptable sur & en déduction du prix de son bail.

Du 5. Juillet 1735.

Arrest du Conseil, qui permet aux Habitans des bailliages
de Lons-le-Saunier, Orgelet, S. Claude & Poligny, de faire
usage du sel en grain qui sera fait à la saline établie à Montmorot, qu'ils peuvent prendre & lever aux magasins, entrepôts & regrats établis pour la vente & distribution du sel
d'extraordinaire dans l'étenduë des mêmes bailliages, à l'effet
de quoi lesdits magasins seront suffisamment fournis dudit
sel d'extraordinaire, tant en pain qu'en grain par le Fermier
des gabelles de Franche-Comté, afin que lesdits Habitans
puissent volontairement & librement prendre & lever de l'u-
ne ou de l'autre espece de sel à leur choix, sans que les distri-
butions puissent les obliger à preferer l'une ou l'autre, ordonne que la distribution du sel d'extraordinaire sera faite au
poids du marc de seize onces à la livre, & que les distribu-

teurs

teurs ne pourront se servir que de balances & poids qui auront été étalonnés par les Officiers de Police, & autres Juges à qui la connoissance en peut appartenir, à peine contre les distributeurs de cinq cens livres d'amende, dont le tiers appartiendra au dénonciateur, & les deux autres tiers aux Hôpitaux des lieux ; déclare faux-sel, tout autre sel en grain que celui provenant de la saline de Montmorot, & qui aura été pris ailleurs qu'aux magasins de ceux qui seront chargés d'en faire la vente & distribution dans l'étenduë des quatre Bailliages, sous les peines portées par l'article III. de l'Edit du mois d'Aoust 1703. & que les differens prix du sel d'extraordinaire en grain seront reglés & fixés dans les magasins, entrepôts & regrats des Bailliages de Lons-le-Saulnier, Orgelet, S. Claude, & Poligny, par le sieur Commissaire départi en Franche-Comté.

Du 17. Juillet 1735.

* Arrest & Lettres Patentes, *registrées au Parlement le premier Aoust* 1735. qui approuvent & confirment les Déliberations du Clergé des 13. Juin & 5. Juillet 1735. & lui permettent d'emprunter huit millions de livres à constitution de rentes au denier vingt pour payer le don gratuit accordé au Roi.

Déclarent exemptes des droits d'amortissement, nouveaux acquêts & autres, les rentes qui seront constituées par le Clergé, en consequence desdites Déliberations, au profit des Dioceses, Beneficiers, Communautés Ecclesiastiques, seculieres & regulieres, & autres gens de main-morte, ainsi que les rentes qu'ils pourront acquerir de celles qui seront constituées par le Clergé.

Exemptent des droits du controlle, insinuation, & autres de cette nature, les contrats & autres actes qui seront passés par le Clergé general & par les Dioceses, concernant l'emprunt des huit millions de don gratuit & choses en dépendantes.

Ordonnent que les avertissemens, commandemens, assignations, saisies, arrêts, executions, quittances, registres, procurations, déliberations, & autres expeditions & diligen-

ces à faire pour raison du recouvrement de l'imposition ordonnée par lesdites déliberations, & de toutes les autres impositions faites jusqu'à ce jour sur le Clergé, continueront d'être
faites en papier ou parchemin non timbré, & sans être sujets au
payement du controlle des exploits.

Du 19. Juillet 1735.

Arrest du Conseil, qui ordonne que par le sieur Bernage
de S. Maurice, Intendant & Commissaire départi dans la Province de Languedoc, il sera procedé à l'adjudication au rabais & moins disant, en la maniere accoûtumée, des ouvrages
& reparations à faire au bâtiment des salines de Peyriac, servant de logement aux Employés des Fermes, conformément
au plan & au devis qui en ont été dressés par le sieur Bonisai,
Inspecteur des travaux publics au Diocese de Narbonne, le
14. Avril 1735. du montant desquels ouvrages & reparations
l'Entrepreneur auquel ils auront été adjugés sera payé sur les
Ordonnances du sieur Intendant, par Nicolas Desboves, adjudicataire des Fermes Generales Unies, auquel il en sera
tenu compte sur le prix de son bail.

Du 19. Juillet 1735.

Arrest du Conseil, portant que par le sieur Maclot, Grand
Maistre des Eaux & Forests, ou les Officiers qu'il pourra
commettre à cet effet, il sera incessamment & en execution
de l'article XII. des Lettres Patentes du mois de Juin 1733.
procedé à la délivrance dans la forest de Fresse, & dans les
endroits les moins dommageables, à Hugues Perrot, Entrepreneur des exploitations & voitures des bois sapins de ladite
forest, les arbres necessaires pour les bâtimens & construc-
tions à faire dans la saline de Montmorot ; sçavoir, quatre
cens soixante-huit chevrons, sept cens trente-cinq pieces de
charpente, cent soixante-dix douzaines & demie de planches,
vingt douzaines de baudrillons, vingt milliers de lattes,
vingt-neuf douzaines de platteaux, & vingt-quatre douzaines
de lambris, le tout en execution, & conformément à l'Arrest du

23. Février 1734. & suivant le devis du 27. Mars 1735.

Du 9. Aouſt 1735.

Arreſt du Conſeil, qui commet le ſieur de Leſſeville, Intendant & Commiſſaire départi en la Generalité de Tours, pour inſtruire & juger le procès aux auteurs & complices du meurtre commis le 7. Juillet 1735. dans une maiſon du Bourg de Sainte Gemme, en la perſonne du nommé Prevoſt, cavalier de Marechauſſée, à la reſidence de Segré, par une troupe de fauxſauniers qui revenoient de vendre leur ſel, circonſtances & dépendances ; évoque & renvoye pardevant ledit ſieur Commiſſaire départi, les procedures qui pourroient avoir été commencées pour raiſon de ce, en quelque Juriſdiction que ce ſoit, pour être le tout par lui jugé ſouverainement & en dernier reſſort ; lui permet de ſubdeleguer, & pour rendre les Jugemens à l'extraordinaire, en appellant avec lui le nombre de Gradués requis par l'Ordonnance, & de commettre pour faire les fonctions de Procureur du Roi en ladite Commiſſion tels Officiers ou graduez qu'il voudra choiſir.

Du 9. Aouſt 1735.

Arreſt du Conſeil, qui condamne le Syndic du Bourg de Sainte Gemme en cinq cens livres d'amende pour n'avoir pas fait ſonner le tocſin ſur une troupe de fauxſauniers à cheval, au nombre de vingt-huit à trente, qui ont aſſommé dans une maiſon du Bourg le 7. Juillet 1735. le nommé Prevoſt, cavalier de Maréchauſſée, à la reſidence de Segré, ni averti le Receveur du Grenier à ſel, ou les Employés des Gabelles, du paſſage deſdits fauxſauniers.

Du 14. Aouſt 1735.

*Déclaration du Roi, *Regiſtrée en la Chambre des Comptes le 3. Septembre* 1735. portant qu'à l'avenir le Controlleur General des Reſtes joüira d'un ſol pour livre du montant des débets des comptables, qui ſeront portés au Treſor Royal à ſa diligence , ledit fol pour livre à la charge des comptables , *contenant VIII. articles.*

Du 23. Aouſt 1735.

Arreſt du Conſeil, qui ordonne que par le ſieur de Creil ; Intendant & Commiſſaire départi en la Generalité de Metz , il ſera procedé à l'adjudication au rabais & moins diſant en la maniere accoutumée des ouvrages à faire à la ſaline de Moyenvic , aux étangs, canaux , & autres bâtimens en dépendans, mentionnés dans l'état qui en a été dreſſé le 20. Juillet 1735. par le ſieur Saulon Ingenieur, chargé de la conduite deſdits ouvrages, du prix deſquels, enſemble des reparations à faire aux moulins qui ſont ſur les canaux & à quelques bâtimens de ladite ſaline , les Entrepreneurs ſeront payés ſur les Ordonnances dudit ſieur de Creil, au fur & à meſure, ou après la reception d'iceux, par Maiſtre Nicolas Desboves adjudicataire des Fermes Generales Unies , auquel il en ſera tenu compte ſur le prix de ſon bail.

Du 23. Aouſt 1735.

Arreſt du Conſeil , qui permet au ſieur Loüis-Leopold-Emanuel Mallet , de faire conſtruire & ériger dans ſa maiſon, ſituée à Armentieres en Flandres, une ſaline & poële à rafiner du ſel gris , à la charge par lui de ſe conformer aux diſpoſitions des Ordonnances & Reglemens concernant la Rafinerie des ſels ; & de payer annuellement au Fermier du Domaine une redevance annuelle de cinquante florins ; ordonne que le ſel gris qu'il fera venir pour l'uſage de ladite Rafinerie, ſera dans des ſacs plombés & accompagné d'acquits à caution , lequel à ſon arrivée ſera remis dans un magaſin dont le Controlleur au bureau des Traittes à Armentieres aura une clef, & d'où ledit ſel ne pourra être tiré que pour être mis ſur le champ, & en la preſence dudit Controlleur, dans les poëles & chaudieres pour être converti en ſel blanc, ainſi qu'il ſe pratique dans toutes les Rafineries établies dans les pays conquis.

Du 26. Aoust 1735.

Jugement rendu en la Jurisdiction des Gabelles de Dole, en Franche-Comté, qui confisque au profit de Nicolas Desboves, adjudicataire general des Fermes, cent cinquante pains de gros sel, ensemble le chariot & trois chevaux qui ont servi à la conduite dudit sel, saisis sur Denis Gey, laboureur à Neublans, Village situé dans les trois lieuës des frontieres de la Province du Duché de Bourgogne, & Pierre Gey son fils, le 14. Aoust 1734. faute d'être porteurs de passavants, & condamne ledit Denis Gey en son particulier aux dépens resultans de la contumace contre lui instruite, liquidés à vingt-neuf livres seize sols deux deniers, & lesdits Denis & Pierre Gey, solidairement à tous autres dépens du procès, liquidés à la somme de cinquante-cinq livres.

Du 30. Aoust 1735.

Arrest du Conseil, qui déboute le Fermier des Gabelles de sa demande en cassation d'un Arrest de la Cour des Comptes, Aydes & Finances de Roüen, du 19. Janvier 1734. par lequel le nommé Charles de Cermay, laboureur demeurant à Quillerville, a été déchargé de l'amende par lui encouruë pour saisie domiciliaire, de faux sel, sous pretexte que le surnom d'un des Employés saisissants étoit obmis dans le texte du procès verbal, quoiqu'il l'eût signé à la fin.

Du 30. Aoust 1735.

Arrest du Conseil, qui évoque & renvoye pardevant le sieur Colleau, Lieutenant Criminel au Bailliage & Siege Presidial de Melun, & Commissaire député par Arrest du 31. Mars 1733. pour instruire & juger les affaires criminelles qui surviendront dans l'étenduë des Provinces de Dauphiné, Lyonnois, Duché & Comté de Bourgogne, Provence, Languedoc, & Auvergne, pour raison de l'introduction à port d'armes & débit des marchandises prohibées & du tabac, la procedure commencée devant le Lieutenant Criminel d'Annonay, tant contre les nommés Jean Augier Patron des barques de l'Entrepreneur des voitures des sels par le Rhône, & Pierre Blanchet valet de peage, sur lesquels il a été saisi par les Employés de la Brigade de Tournon, trois minots de sel provenant du train de deux barques de sel destinés pour le fournissement du Grenier à sel de ladite Ville, qu'ils ont déclaré avoir enlevé en presence du nommé Loüis Paty, Employé & Commis pour les escorter, que contre les auteurs, complices, fauteurs ou participes du vol & enlevement fait sur le même train de vingt sacs de sel trouvés entreposés dans une masure du lieu de Châteaubourg, circonstances & dépendances; pour être ladite procedure instruite & jugée définitivement & en dernier ressort par ledit sieur Colleau, lui attribuant à cet effet, toute Cour, Jurisdiction & connoissance, icelle interdisant à toutes ses Cours & autres Juges; lui permet de subdeleguer pour l'instruction dudit procès & pour rendre les Jugemens à l'extraordinaire, en appellant le nombre de Gradués requis, & de commettre pour faire les fonctions de Procureur du Roi en ladite Commission, tels Officiers ou Gradués qu'il voudra choisir.

Du 13. Septembre 1735.

Arrest du Conseil, qui déboute les Entrepreneurs de la saline de Montmorot, en Franche-Comté, de leur opposition à l'execution de celui du 5. Avril 1735. & cependant leur accorde un délai de trois mois pour user de la subrogation prononcée en leur faveur par l'article VII. de l'Arrest du 23. Février 1734. qui leur accorde la faculté de prendre, par préference, dans les forests voisines de ladite saline, les bois necessaires pour la cuite & formation des sels, & aux autres conditions y portées, ce qu'ils seront tenus d'opter dans ledit délai de trois mois, passé lequel temps ils en demeureront déchus.

Du 14. Septembre 1735.

* Contrat, par lequel le Roi accepte un Don Gratuit de dix millions de livres, fait par le Clergé dans son Assemblée generale tenuë en l'année 1735. déclare que les Registres, Rolles, départemens, exploits, procedures, Jugemens, avertissemens, commandemens, assignations, & toutes les diligences qu'il conviendra faire pour raison & à l'occasion de la levée, tant dudit Don Gratuit que pour le recouvrement de toutes les impositions faites jusqu'à ce jour sur le Clergé, pourront être faits en papier non timbré, & seront déchargés dudit droit de controlle des exploits.

Que les rentes qui seront constituées sur le Clergé par les Gens de main-morte, pour lesdits dix millons, seront exemptes de tous droits d'amortissemens & de nouveaux acquests, de controlle, insinuation, & autres pareils droits, ainsi que les rentes qui seront par eux acquises, ou qui leur seront données & leguées à tel titre, pour quelque cause & en quelque sorte & maniere que ce puisse être, à l'effet de quoi il est dérogé à tous Edits & Déclarations à ce contraires.

Que si les rentes qui seront constituées pour les dix millions venoient à écheoir au Roi par droit d'aubaine, desherence, bâtardise, confiscation, forfaiture, ou autrement, aux exceptions portées par les Lettres patentes du 17. Juillet 1735. expediées sur la Déliberation du Clergé du cinq desdits mois & an, en ce cas lesdites rentes seront & demeureront éteintes & amorties à la décharge du Clergé, sans que les Fermiers des Domaines y puissent rien prétendre, ni qu'elles puissent être comprises dans les Dons que sa Majesté pourroit faire des biens sujets aux droits d'aubaine, desherence, bâtardise, confiscation, forfaiture, ou autres, sans qu'il soit besoin d'en faire une réserve expresse dans les baux des Domaines ni dans les Brevets desdits Dons, sa Majesté faisant dès-à-present Don au Clergé desdites rentes & arrerages qui se trouveroient dans quelques-uns des cas ci-dessus.

Que les Ecclesiastiques & Beneficiers joüiront, conformément aux précedens contrats, de l'exemption de toutes im-

positions, mises & à mettre, sur les denrées pour la décharge
des dettes des Communautés qui font ou feront dûës pour
subsistance, taxes d'aisés, emprunts, étapes : & autres de cette nature ; comme aussi qu'ils joüiront, ensemble les Communautés seculieres & regulieres de l'un & l'autre sexe, des
privileges & exemptions énoncés aux précedens contrats, &
que les Edits, Déclarations, Arrests, & Reglemens rendus
en faveur du Clergé, sur le fait des Tailles, Aydes, & du
sel, soient executés, sans que les Edits, Déclarations, & Arrests expediés pour secours extraordinaires pendant la derniere & presente guerre, en vertu desquels les Ecclesiastiques ont été imposés pour payer sur leurs Benefices des
taxes particulieres, ou leur part des rachats desdits Edit &
Arrest, puissent être tirés à consequence cont'eux à l'avenir,
sous quelque prétexte & pour quelque cause que ce soit ; &
sera ledit contrat, ainsi que les precedens, exempt de la formalité & des droits d'insinuation & de controlle.

FIN.

TABLE
DES EDITS, DECLARATIONS,
ARRESTS ET REGLEMENS

RENDUS pendant la troisiéme année du Bail de M^e
NICOLAS DESBOVES.

*Commencée le premier Octobre 1734. & finie le dernier Septembre
1735.*

CONCERNANT les Aydes, Entrées, Pied-fourché, & Droits y joints; Papier
& Parchemin timbrez; Domaine, & Barrage & Poids-le-Roy, Domaines
de Flandre; Marque d'Or & d'Argent; Marque des Fers; Imposts &
Billots de Bretagne; Droits sur le Poisson; Droits rétablis aux Entrées
& sur les Ports, Quay, Halles, Places & Marchez de la Ville & Faux-
bourgs de Paris, & alienez aux Officiers créés par Edit du mois de Juin
1730. Inspecteurs aux Boucheries & des Boissons; Courtiers, Commis-
sionnaires & Jaugeurs de Futailles; Droits appartenans à la Ville de
Paris, à l'Hôpital Général, & à l'Hôtel-Dieu, &c.

Octobre 1734.

MEMOIRE instructif pour mettre les Controlleurs,
Commis des Aydes, Commis Buralistes, & autres
Employés, en état de veiller aux contraventions
qui se commettent au préjudice des Droits sur
les Papier & Parchemin timbrés.

AYDES. A

Enſemble le Tarif des Droits, dans lequel ſont compris les quatre ſols pour livre.

Du 5. Octobre 1734.

* Sentence du Bureau de l'Hôtel de Ville de Paris, qui condamne Antoine Chevet, Jean Theriat, Iſaac Boilleau, & de Latour, Marchands de Vin, à retirer de leurs Caves & Magaſins, & faire conduire à l'Etape de ladite Ville, le tiers des Vins qu'ils ont fait arriver ; ſçavoir, ledit Chevet depuis le premier Octobre 1729. juſqu'au 30. Septembre 1732. ledit Theriac depuis le premier Octobre 1731. juſqu'au 30. Juillet 1732. ledit Boilleau depuis ledit jour premier Octobre 1729. juſqu'au 30 Septembre 1732. & ledit Latour au mois d'Avril dernier ; en outre chacun en cinq cens livres d'amende, au profit des Pauvres de l'Hôpital General, & en pareille ſomme chacun, de dommages & intereſts envers Nicolas Bricard, Fermier des Droits de ladite Etape.

Du 19. Octobre 1734.

* Arreſt du Conſeil, qui en caſſe un de la Cour des Aydes du premier Septembre 1734. qui avoit déchargé Pierre Gudin, Juge-Maire de la Foſſe-Chalot, Saint Mars & ſa femme, demeurans aux Belles-Croix, du Hameau de Charpeau, Paroiſſe de Saint Martin de la Ville d'Etampes, aſſujetti aux Droits d'Entrées, en execution de la Declaration du 10. Avril 1714. des condamnations contr'eux prononcées par la Sentence des Officiers de l'Election d'Etampes, du 22. May 1733. avoit fait main-levée des choſes ſaiſies, & condamné le Fermier aux dépens, tant des Cauſes principale que d'appel ; en conſéquence ordonne que ladite Sentence ſera executée ſelon ſa forme & teneur ; condamne leſdits Gudin & ſa femme aux frais faits en la Cour des Aydes ; ordonne que les ſommes que le Fermier pourroit avoir été contraint de payer en vertu dudit Arreſt, lui ſeront renduës & reſtituées.

Evoque au Conseil les instances pendantes en ladite Cour, entre le Fermier & les nommés Dauton, veuve Ruë, Petit, Baudry, Nivet, Roux, Vezard, Moulin, Aleaume, Bouchet, Trinité, Denis Vezard, le Roy, Martinet, & veuve Papillon, pour le payement des Droits d'Entrées dans les Lieux & Maisons assujettis en execution de ladite Declaration du 10 Avril 1714. & en conséquence sans s'arrêter à l'appel par eux interjetté des Sentences de ladite Election, des 16 & 26 Mars, & 16 Avril 1734. dont ils sont déboutés, ordonne que lesdites Sentences seront executées selon leur forme & teneur.

Du 19. Octobre 1734.

* Arrest du Conseil, & Lettres Patentes sur icelui, qui ordonnent la maniere & la forme dans laquelle les Commis des Fermes du Roy pourront faire les visites dans les Abbayes & autres Couvents de Filles. *Regiſtrées en la Cour des Aydes de Paris, le premier Decembre 1734 ; au Parlement de Metz 13. Janvier 1735 ; au Parlement de Grenoble le 14; au Conseil superieur de Roussillon le 15 ; à la Cour des Aydes de Rouën le 17 ; aux Parlemens de Dijon & Pau, & à la Cour des Aydes d'Aix le 19 ; à la Cour des Aydes de Montpellier le 22 ; au Parlement de Bretagne le 24 ; à la Cour des Aydes de Bordeaux le 26 ; à la Cour des Aydes de Clermont Ferrant, le 31. du même mois de Janvier 1735 ; & à la Cour des Aydes de Montauban, le Fevrier suivant.*

Du 19. Octobre 1734.

Arrest du Conseil, portant que dans le Rolle qui y sera arrêté pour l'expedition des Quittances de Finances des Offices de Conseillers du Roy, Inspecteurs, Controlleurs, & Visiteurs Generaux sur les Vins, Eaux-de-Vie, Liqueurs & Boissons, il y sera fait mention qu'ils joüiront à commencer du premier Octobre 1733. des confiscations & amendes qui ont été & seront prononcées par rapport aux fraudes qui se sont commises & se commettront à l'avenir sur les Droits de vente & revente sur les Vins, par les Jugemens, Sentences , & Arrests qui seront rendus par les Prevôt des Marchands & Echevins de l'Hôtel de Ville de Paris , par la Cour des Aydes & au Conseil , de la même maniere qu'en ont joüi Martin Girard , Pierre Carlier , & Remy Barbier , successivement Regisseurs & Fermiers , quoiqu'elles n'ayent pas été nommément désignées dans l'Arrest du 8. Avril 1733.

Du 23. Octobre 1734.

* Ordonnance de Monsieur le Lieutenant General de Police , qui confisque sur Guillaume Grand-homme , Cabaretier à la petite Pologne , deux quartiers de Mouton , chair cruë ; fait défenses à tous Particuliers de vendre ni débiter aucune viande de boucherie , sans en avoir préalablement une permission de Monsieur le Lieutenant General de Police ; condamne ledit Grand-homme en l'amende portée par les Reglemens (moderée pour cette fois seulement , & sous le bon plaisir du Roy , à trente livres) & aux dépens liquidés à cinquante-sept livres cinq sols.

Des 3. Avril 1727. & 6. Novembre 1734.

* Sentences du Bailliage de Stains , portant défenses de donner à boire dans les Cabarets aux heures induës , & à joüer aux Cartes & aux Dez en tout tems.

Du 9. Novembre 1734.

* Arrest du Conseil , qui fait défenses aux Cabaretiers établis au-delà des dernieres Barrieres de la Ville de Paris , même dans l'étenduë d'une lieuë aux environs d'icelle , à compter de l'extremité des Fauxbourgs , de faire aucun commerce ni entrepôt de Marchandises de Volaille & Gibier , ni d'en acheter ailleurs que sur le carreau de la Vallée à Paris , & pour aucun autre usage que pour la consommation & débit de leurs Cabarets , ni avant les heures prescrites aux Rotisseurs par l'Arrest du Conseil du 16. Avril 1720. le tout à peine de saisie & de confiscation des Marchandises, Che-

vaux, Bêtes, Harnois, & Voitures, de cinq cens livres d'amende, même de prison & autres plus grandes peines en cas de récidive.

Du 16. Novembre 1734.

* Arrest du Conseil, qui en casse un de la Cour des Aydes de Paris, du 17 Avril 1733. par lequel Pierre Nicolas, Sous-Fermier des Aydes de Champagne, a été débouté avec dépens de sa demande, à ce que Edme Pissey, voiturier demeurant à Ricey-Hault, fût condamné solidairement avec Etienne Poüard son domestique, aux dépens adjugés audit Nicolas, par Arrest de la Cour des Aydes du 14 Janvier 1733.

L'Arrest du Conseil ordonne l'execution de l'article V. de la Declaration du Roy du 30. Janvier 1714. en conséquence, sans s'arrêter à l'Arrest de la Cour des Aydes du 17 Avril 1733. condamne le maistre & son domestique solidairement aux dépens adjugés au Sous-Fermier des Aydes de Champagne, par l'Arrest de ladite Cour du 14. Janvier precedent; ensemble aux dépens de l'instance, sur laquelle ledit Arrest du 17 Avril 1733. est intervenu.

Du 24. Novembre 1734.

* Sentence du Bureau de l'Hôtel de la Ville de Paris, concernant la sûreté des Marchandises & des Batteaux, dans les Ports de ladite Ville.

Du 24. Novembre 1734.

* Ordonnance de Monsieur le Lieutenant General de Police, qui confisque au profit des Officiers de la Volaille, dix-sept paires de Pigeonneaux saisis sur Marie Masson, veuve de Nicolas Bellier, la condamne & par corps à representer les autres Pigeons sur elle pareillement saisis & laissés à sa garde, sinon à payer ausdits Officiers la somme de cinquante livres, pour valeur desdits Pigeons; la condamne en outre pour sa contravention en l'amende & aux dépens, & permet ausdits Officiers & à leurs Commis &

Preposés, de se transporter dans tous les Lieux de la Ville
& Fauxbourgs de Paris, à l'effet d'y saisir les Pigeons qui
y sont élevés & nourris.

Du 7. Decembre 1734.

* Arrest du Conseil, pour le payement des Droits du
Péage, establi sur le Pont provisionnel de Mantes, par toutes
sortes de personnes privilegiées ou non privilegiées, à l'exception des Officiers & Archers des Marechaussées, des Employés des Fermes, des Couriers, Maistres des Postes, &
leurs Postillons & Domestiques conduisans les Couriers
seulement, & à leur retour desdites courses ou conduites.

Du 12. Decembre 1734.

* Declaration du Roy, qui proroge pour quatre années
entieres & consécutives, à commencer du premier Janvier
1735. la levée de cinq sols de Droits sur chaque cent de bottes
de Foin, au profit de l'Hôpital General de Paris, à prendre
sur tous les Foins arrivans & entrans en ladite Ville, Faux-
bourgs & Banlieuë de Paris, tant par eau que par terre,
même sur ceux qui passent debout pour être consommés
ailleurs, à la reserve du Foin des Bourgeois, provenant des
Terres à eux appartenantes, qu'ils font faire & façonner à
leurs dépens, & qu'ils font venir pour leurs provisions seulement. *Regiftrée en Parlement le 3. Decembre 1734.*

Du 12. Decembre 1734.

* Declaration du Roy, qui proroge pendant l'année 1735.
en faveur de l'Hôpital General de Paris, la perception du
Droit de dix sols par chaque Voye de Bois à brûler qui sera
vendu sur les Ports, Quays & Chantiers de ladite Ville,
ledit Droit payable moitié par le vendeur, & moitié par
l'acheteur.

Du 14. *Decembre* 1734.

* Lettres Patentes, qui commettent les Jaugeurs de Vins, Eaux-de-Vie, Liqueurs, & autres Boiſſons, pour faire l'eſſai, viſite & controlle des Eaux-de-Vie & Eſprits-de-Vin, tant en Pieces que Caiſſes & Bouteilles. *Regiſtrées en Parlement le* 31. *Aouſt* 1735.

Du 14. *Decembre* 1734.

* Arreſt du Conſeil, qui commet le Sieur Fuzillier pour faire le recouvrement du dixiéme des appointemens des Commis & Employés dans les Fermes, Sous-Fermes, & autres affaires de Finances, ainſi que celui des Droits attribués à differens Officiers, Corps, & Communautés de la Ville de Paris,& autres dixiémes particuliers, conformément auxRolles qui en ſeront arrêtés au Conſeil à la diligence du Sieur de Ternantes.

Du 14. *Decembre* 1734.

* Arreſt du Conſeil, qui ordonne l'execution des Edits & Arreſts rendus au ſujet de l'établiſſement de la Caiſſe de la Communauté des Controlleurs, Vendeurs de Volaille ; confirme ladite Communauté dans le privilege & preference à tous Créanciers, même aux Proprietaires de Maiſons (excepté pour deux quartiers de loyers ſeulement) pour le payement des ſommes qui ſont & ſeront dûës à ladite Communauté, par les Rotiſſeurs & Pourvoyeurs, à cauſe des crédits à eux faits à ladite Caiſſe, ſur les Deniers provenans de leurs Meubles ſaiſis & vendus, & autres Effets mobiliers ; & ordonne que tous Dépoſitaites & Débiteurs y ſeront contraints, comme pour les propres deniers & affaires de Sa Majeſté, & ce nonobſtant toutes Saiſies, Arreſts, & oppoſitions faites ou à faire.

Du 20 *Decembre* 1734.

Ordonnance de M. de Harlay, Intendant de la Generalité

de Paris, qui condamne les Sieurs Chanoines & Curé de l'Eglise de Poiſſy au payement des Droits de Tarif, dûs aux Entrées de ladite Ville.

Du 20 Decembre 1734.

Ordonnance de M. de Harlay, Intendant de la Generalité de Paris, portant reglement pour les Bois qui ſe déchargent dans les Ports de la Ville de Poiſſy, & le payement des Droits du Tarif de ladite Ville ſur leſdits Bois.

Du 23. Decembre 1734.

* Arreſt de la Cour des Aydes de Paris, qui déclare nulle tant la procedure faite que la Sentence deffinitive renduë par les Officiers du Grenier à Sel de Peronne, contre les nommés Coquet, Romain, Desjardins, & Vaſſeur, violemmens ſuſpectés de violence, voyes de fait, & meurtre commis en la perſonne d'un Employé de la Brigade ambulante de Rouſſoy, ſur les motifs que les Requêtes en plaintes, Decrets, & permiſſion d'informer, n'avoient été ſignés que d'un Juge, renvoye l'inſtruction de ladite Procedure pardevant les Officiers de l'Election dudit Peronne ; & par forme de reglement, fait défenſes aux Officiers des Elections & Greniers à Sel du Reſſort de ladite Cour, dans les Procès criminels qui s'inſtruiront, de repondre ſeuls les Requêtes afin de permiſſion d'informer, & de rendre ſeuls aucuns Décrets & Jugemens afin de récollement ; leur enjoint de rapporter leſdites Requêtes & informations au Bureau & Chambre du Conſeil, pour y être déliberé ; Ordonne que les Ordonnances & Jugemens ſeront ſignés par trois Officiers au moins dans les Elections, & au moins par deux dans les Greniers à Sel, ſans que pour les Ordonnances portant permiſſion d'informer, ils puiſſent prendre aucunes Epices, à peine de nullité, & qu'au défaut du nombre ſuffiſant de Juges, pour rendre leſdites Ordonnances, Jugemens, & Sentences, le Préſident & les Officiers nommeront les plus anciens Avocats, Gradués, ou Praticiens.

Du

Du 28. Decembre 1734.

Arrest du Conseil, qui déboute les Religieux de l'Abbaye Royale & les Habitans de la Paroisse ou Hameau de Saint Severin, près la Ville de Châteaulandon, Election de Nemours, de leur opposition à l'Arrest du Conseil, du 23. Octobre 1731. par lequel ils ont été assujettis au payement des Droits d'Entrées.

Du 11. Janvier 1735.

* Arrest du Conseil, concernant l'abonnement des Offices municipaux de la Ville d'Angers ; & permet aux Maire & Echevins de ladite Ville, de continuer la levée pendant quinze années, de l'Octroy à elle accordé, sur les Foins, Vins, Cidres & Bierres, par Arrest du 12 May 1716.

Du 14. Janvier 1735.

* Arrest de la Cour des Aydes de Paris, qui reçoit Antoine Dubost, Sous-Fermier des Aydes de la Generalité de Paris, appellant d'une Sentence des Officiers de l'Election de Tonnere, du 17. Novembre 1734. qui avoit condamné les nommés Gaupillat, & le Nan, seulement aux dépens, faute par eux d'avoir justifié dans les six semaines du payement des Droits de Gros des Vins par eux enlevés & destinés pour Paris. Ordonne, sur les conclusions de M. le Procureur General, par provision, l'execution de la Contrainte décernée par ledit Dubost, qui avoit été déclarée nulle par ladite Sentence, sous prétexte qu'elle avoit été visée par le Sieur Deon, Conseiller en ladite Election, & scellée par lui même, & que l'Article XIII. du Titre IV. de la vente en gros & du transport du Vin, de l'Ordonnance de 1680. sera executé selon sa forme & teneur.

Du 18. Janvier 1735.

Arrest du Conseil, portant qu'il sera expedié aux Cautions

de Remy Barbier, chargé de la vente des Offices créés &
rétablis par Edit du mois de Juin 1730. aux Entrées & fur les
Ports, Quays, Halles, Places & Marchés de la Ville de
Paris, & de la Regie des Droits à eux attribués, une Ordonnance de comptant fur le Tréfor Royal, de la fomme
de deux millions deux cent trente-neuf mille cent deux livres
douze fols, à laquelle montent les joüiffances des Droits alienés ou payés aufdits Officiers, pendant la troifiéme année du
Bail dudit Barbier.

Du 21. Janvier 1735.

* Sentence du Bureau de l'Hôtel de Ville de Paris, qui
condamne Loüis Gaillard, Marchand Commiffionnaire de
Grains, en cinq cens livres d'amende, pour avoir acheté
ailleurs que fur les Ports de cette Ville, & fait arriver au
Port de Greve cinq muids trois feptiers d'Avoine; en avoir
expofé, vendu & livré un jour de fête dans l'heure inter-
médiaire de la vente; avoir fourni les facs au préjudice des
Droits des Mefureurs de Grains, & refufé de reprefenter la
Lettre de Voiture, ni fait fa déclaration au Bureau des Officiers
Porteurs de Grains, & en avoir fait une fauffe au Bureau
du Domaine & des Officiers Mefureurs de Grains; confifque
au profit des Pauvres de la Paroiffe de Saint Jean en Gréve,
lefdites Avoines exiftantes fur ledit Port ou dans la Boutique
& Maifon dudit Gaillard.

Du 25. Janvier 1735.

Arreft du Confeil, qui liquide à la fomme de neuf cens
neuf livres treize fols l'indemnité dûe à Jacques Lecot, Sous-
Fermier des Droits des Infpecteurs aux Boucheries, en la
Province de Dauphiné, pour raifon de la non-joüiffance defdits
Droits dans la Ville de Grenoble, pendant les quinze derniers jours du mois de Septembre 1733; en conféquence,
ordonne que par le Garde du Tréfor Royal en exercice,
il lui fera expedié une Ordonnance de comptant de ladite
fomme de neuf cens neuf livres treize fols, laquelle fera con-

vertie en une quittance comptable, à la décharge de Nicolas Desboves, Adjudicataire des Fermes Generales-Unies, en déduction du prix de son Bail.

Du 26. Janvier 1735.

* Jugement contradictoire, rendu par Monsieur le Lieutenant General de Police, Commissaire en cette Partie; qui ordonne l'execution des Edits & Arrests du Conseil y mentionnés; en conséquence, que les Officiers de la Volaille seront payés par privilege & preference à tous Créanciers, même au Proprietaire de la Maison qui leur sert de Bureau, (excepté pour deux quartiers de loyers) de la somme de deux mille cent dix-neuf livres douze sols à eux dûë par la défunte veuve Langlois, Maistre Rotisseur; ensemble des interests & frais sur les deniers provenans de la Vente des Meubles & Effets mobiliers de sa succession, & qu'à ce faire, l'Huissier qui a fait la vente desdits Meubles, & tous autres Dépositaires seront contraints.

Du premier Fevrier 1735.

* Arrest du Conseil, qui casse & annulle celui de la Cour des Aydes du 29 Juillet 1734. en ce qu'il a fait main-levée au nommé Réconseille, Orfévre à Paris, de douze Pieces d'argenterie sur lui saisies, les déclare acquises & confisquées au profit du Fermier, & le condamne solidairement avec sa femme à en payer la valeur au Fermier.

Du 15. Fevrier 1735.

* Arrest du Conseil, qui déboute les Maire & Echevins, Syndics & Habitans de la Ville du Havre, de l'opposition par eux formée à l'Arrest du Conseil du 25. May 1734. portant que tous les Armateurs & Négocians qui armeront dans cette Ville des Vaisseaux destinés pour les Isles françoises de l'Amérique, joüiront de l'exemption des Droits d'Octrois de ladite Ville, sur toutes les Marchandises & Denrées em-

ployées à leur commerce, ou à l'aprovifionnement & avituaillement de leurs Vaiffeaux, &c.

Du 15. *Fevrier* 1735.

Arreft du Confeil, qui déboute les nommés Boux, pere
& fils, Cabaretiers à Seaux, des oppofitions par eux formées
à celui du deux Decembre 1732. & à l'execution de la contrainte décernée contr'eux le 2. Decembre 1734. les condamne au payement des droits de gros d'arrivée des vins qu'ils
font entrer dans les caves des hôtelleries du marché de Seaux,
à fouffrir les vifites, exercices, & marques des Commis aux
Aydes, & au payement des quatre fols pour livre de l'abonnement porté par les Lettres Patentes du 18. Decembre 1700.
concernant ledit marché.

Du 26. *Fevrier* 1735.

* Ordonnance de Monfieur le Lieutenant General de Police, qui réïtere les défenfes d'élever ni nourrir dans la Ville
& faux-bourgs de Paris aucuns pigeons, volaille ou gibier;
confifque au profit des Officiers de la volaille cent quatre-
vingt paires de pigeons faifis fur le nommé Marié, Maiftre
Rotiffeur à Paris & fa femme; les condamne folidairement,
même le mari par corps, à les reprefenter; & en outre pour leur
contravention, en l'amende & aux dépens; & permet aufdits
Officiers & à leurs Commis & prepofés, de fe tranfporter
dans tous les lieux de ladite Ville & faux-bourgs, à l'effet d'y
faifir les pigeons, volaille, ou gibier qui y feront élevés &
nourris.

Du premier Mars 1735.

* Arreft du Confeil qui caffe une Sentence de l'Election de
Doulens du 16. Decembre 1734. & un Arreft de la Cour des
Aydes de Paris du 23. du même mois, par lefquels il a été
fait main-levée de deux barils d'eau-de-vie, & ordonne l'é-
largiffement du nommé Antoine d'Orge, fur lequel l'eau-de-
vie a été faifie pour fraude de barillage; confifque les deux
barils d'eau-de-vie & le cheval fur lui faifis, & le condamne

en l'amende de cent livres, & en tous les dépens. Enjoint
aux Officiers des Elections de défigner expreſſément les nullités des procès verbaux, dont ils prononceront la nullité,
conformément à l'Arreſt du 9. Mars 1728. & ordonne l'enregiſtrement dudit Arreſt au Greffe de l'Election de Doulens,
ſans frais.

Du 3. Mars 1735.

Sentence contradictoire, renduë par les Officiers de l'E-
lection de Paris, portant confiſcation au profit de la Communauté des Officiers Controlleurs-Viſiteurs des papiers & car-
tons entrans dans Paris, d'un ballot de papier entrepoſé au
petit Montrouge, chez le nommé Picart, cabaretier, & re-
clammé par le ſieur le Roi, Marchand à Paris, condamne
ledit Picard en trois cens livres d'amende & aux dépens, ſauf
ſon recours contre le ſieur le Roi.

Du 4. Mars 1735.

* Sentence de Police, qui ordonne l'execution du Reglement general rendu au Conſeil ſur le fait de l'Orfévrerie, le
30. Decembre 1679. & autres Arreſts rendus en conſequence. Enjoint aux Marchands Merciers de s'y conformer, &
déclare les ſaiſies faites ſur les ſieurs Allain & Herbault,
Marchands, Merciers bonnes & valables; les condamne chacun en cinquante livres de dommages & intereſts, avec défenſes de recidiver, & aux dépens. Condamne auſſi les Maîtres & Gardes de la Mercerie, intervenans, au dépens de
leur intervention.

Du 15. Mars 1735.

Arreſt du Conſeil, qui commet le ſieur Intendant & Commiſſaire départi en la Generalité de Poitiers, pour inſtruire &
juger en dernier reſſort, avec le nombre de Gradués requis
par l'Ordonnance, le procès aux nommés Rullier & Doré
Desfontaines, Controlleurs ambulans des Aydes dans ladite
Generalité, & Martin Receveur des mêmes droits à Fonte-
nay, accuſés de vols des droits & deniers de ladite Ferme,

ensemble à leurs complices & participes ; circonstances &
dépendances ; lui permet de commettre & de subdeleguer
pour l'instruction & pour Procureur du Roi & Greffier, telles
personnes qu'il avisera, lui attribuant à cet effet toute Cour,
Jurisdiction & connoissance.

Du 15. Mars 1735.

* Arrest du Conseil, qui déboute Charles Germain, Marchand de fer, au bourg des Herbiers, en Poitou, de la demande en cassation d'un Arrest de la Cour des Aydes de Paris du 2. Septembre 1734. qui le condamne à payer les droits
de marque sur huit milliers de fer, par lui fait entrer en Poitou par le bureau de Saint Benoist, sorti du magasin du sieur
Morin, Marchand à la Rochelle, quoique Germain ait sou-
tenu que les fers en question provenoient des forges du Berry, & que les droits avoient déja été payés une fois, & ne pou-
voient par conséquent être assujettis à un second droit : Le
Fermier au contraire, prétendant que les fers étant sortis d'u-
ne Province sujette aux droits, & entré dans une non sujette, &
où ils ont séjourné, ils sont devenus marchandises patrimo-
niales de la Province redimée, & sujets aux droits en rentrant
dans une Province où le droit est dû.

Du 15. Mars 1735.

* Arrest du Conseil, qui défend à tous Suisses, Portiers, &
autres domestiques de Maisons & Hôtels, de vendre aucuns
vins en gros & en détail, soit à pot ou à assiete dans la Ville &
fauxbourgs de Paris, à peine de cinq cens livres d'amende,
pour la premiere contravention, & de mille livres d'amende,
& de punition corporelle, en cas de récidive ; permet aux
Commis de la Communauté des Conseillers du Roi, Inspecteurs Generaux sur les Vins, de faire des visites dans les maisons & hôtels, où ils pourront découvrir qu'on y vendra du
vin, avec la permission du sieur Lieutenant General de Police, Commissaire député par le Roi en cette partie, & accompagné d'un Commissaire du Châtelet ; enjoint aux Maîtres

defdites Maifons & Hôtels de fouffrir lefdites vifites, & de tenir la main, à ce que leurs Suiffes, Portiers ou autres domeftiques ne débitent ni vendent aucuns vins, à peine de répondre en leur propre & privé nom, tant des amendes que des dommages & interefts, aufquels ils feront condamnés. Et ordonne que les pourfuites fur les procès verbaux des Employés continueront d'être portées & fuivies au Confeil.

Du 15. Mars 1735.

* Sentence du Bureau de l'Hôtel de Ville de Paris, qui condamne le nommé Gueron en cinq cens livres d'amende, pour avoir acheté & vendu des vins à la Halle aux Vins, & avoir fait des marchés illicites.

Du 16. Mars 1735.

* Arreft de la Cour des Aydes de Paris, portant que Marguerite-Therefe Renault, fille majeure & heritiere de feu Faron Renault, fon frere, vivant Receveur des droits du Pont de Joigny, ne peut profiter des Lettres de Benefice d'Inventaire par elle obtenuës, & qui ordonne que dans quinzaine elle fera tenuë de renoncer à la fucceffion de fon frere, finon & à faute par elle de le faire dans ledit temps, la condamne à payer le debet du compte de fon frere.

Nota. Cet Arreft juge que l'heritier d'un Receveur des Fermes mort reliquataire, ne peut profiter de la faveur des Lettres de benefice d'inventaire, & doit renoncer à la fucceffion, finon payer le debet du Receveur.

Du 19. Mars 1735.

* Ordonnance de M. l'Intendant de Picardie, Artois, Boulonnois, Pays conquis & reconquis, qui ordonne la publication & execution du bail des octrois de la Ville & Gouvernement de Calais, avec les articles dudit bail, contenant la quotité des droits & les endroits où ils doivent être perçûs.

Du 22. Mars 1735.

Arreſt du Conſeil, qui valide pluſieurs payemens faits par Pierre Carlier, & Nicolas Desboves, ſucceſſivement adjudicataires des Fermes Generales Unies, & autoriſe ceux qui reſtent à faire, tant pour l'acquiſition d'un terrain au bour du Cours-la-Reine, & la conſtruction de pluſieurs bâtimens deſtinés à ſervir de bureau & de logement aux Employés à la recette des droits d'entrées & autres, que pour differens ouvrages de ſerrureries, contre-cœurs de cheminées, pavage, plomberie, peintures, même des droits de lods & ventes & d'indemnité dûs aux Dames Religieuſes de Sainte-Marie de Chaillot, dans la cenſive deſquels le terrain acquis eſt ſitué, & ordonne que le montant de toutes leſdites dépenſes ſera avancé & payé, ſur les Ordonnances de M. de Harlay, Intendant de la Generalité de Paris, par leſdits Carlier & Desboves, auſquels il en ſera tenu compte ſur le prix de leurs baux, &c.

Du 24. Mars 1735.

* Arreſt du Conſeil, qui déboute le nommé Reconſeille, Orfévre à Paris, & ſa femme, de leur oppoſition à celui du premier Février précedent, par lequel un Arreſt de la Cour des Aydes avoir été caſſé, en ce qu'il fait main-levée audit Reconſeille de onze pieces d'argenterie ſur lui ſaiſies & confiſquées.

Du mois d'Avril 1735.

* Edit du Roi qui accepte les offres de la Province du Duché de Bourgogne, de payer au Treſor Royal une ſomme de huit cent vingt mille livres, y compris les ſix deniers pour livre, au moyen de quoi l'Edit du mois de Novembre 1733. en ce qui concerne le rétabliſſement des Offices de Maires, Lieutenans de Maires, Echevins, Aſſeſſeurs, Secretaires, Greffiers des Hôtels de Ville, leurs Controlleurs, Anciens Mi-Triennaux & Alternatifs Mi-Triennaux, & ceux des Avocats & Procureurs deſdits Hôtels de Ville, n'aura aucune

cune execution dans ladite Province, non plus que dans les
Comtés de Charolles, Mâcon, Auxerre, Bar-sur-Seine, &
autres pays dépendans desdits Etats; maintient lesdits Etats,
leurs Elûs, les Conseils desdits Pays, les Villes & Communautés dans le droit & possession où ils sont de commettre
à tous les Offices municipaux, ordonne que tous les pourvus
desdites Offices par Commission desdits Etats, Elûs, Conseils, Villes & Communautés, continueront de joüir de tous
les privileges, prérogatives, exemptions & jurisdictions attri-
buées ausdites Offices par les Edits de création, & de réünion ausdits Etats & Pays; proroge la levée & perception
des Octrois dont joüit ladite Province, & permet d'en établir dans les Villes où il n'y en a point.

Du premier Avril 1735.

* Sentence de Police, qui condamne la veuve Dugué Li-
monadiere, en quatorze livres d'amende, pour avoir contrevenu aux Reglemens de Police, qui défend à tous Cabaretiers, Limonadiers, & autres de donner à boire à heures in-
dües; & en celle de cinquante livres, pour avoir été trouvée
vêtüe de toile peinte.

Du 5. Avril 1735.

Arrest du Conseil, qui condamne le sieur Philbert Dei;
Commis des Moulins à poudre d'Essonne, en trois cens livres
d'amende, pour avoir refusé de faire ouverture des caves de
ladite Manufacture, & de representer les congés des vins
étant dans lesdites caves.

Du 12. Avril 1735.

Arrest du Conseil, qui casse & annulle deux Sentences du
Bureau de l'Hôtel de Ville de Paris, des 19. Octobre & premier Février precedens & ordonne l'execution de la Sentence renduë par défaut en l'Election de Paris le 29. Novembre suivant, par laquelle le nommé Claude du Faytel,

Marchand de bois, a été condamné en cent livres d'amende & en la confiscation de quarante cordes de bois à brûler fur lui faifies au port de la Ville de Corbeil, faute par lui d'en avoir fait fa declaration, & payé les droits de fol pour livre dûs à l'entrée de ladite Ville.

Du 19. Avril 1735.

* Arreft du Confeil, qui maintient la Forge de Neuf-Chatel, fituée en Franche-Comté, dans l'exemption du droit Domanial fur les fers qui en fortiront pour aller dans les pays étrangers feulement, & furçoit l'execution de celui du 13. Juillet 1734. fervant de Reglement pour la perception des droits de marque fur le fer, tant à l'entrée qu'à la fortie de la Province de Franche-Comté.

Des 20. Avril & 11. Mai 1735.

Trois Arrefts de la Cour des Aydes de Paris, qui déboutent les nommés Danffens & Pierre Gobert freres, Aubin de la Foreft & François de Marroy, Marchands Papetiers à Paris, des appels par eux interjettés de plufieurs Sentences renduës par les Officiers de l'Election de Paris, faute par eux d'avoir fait juger lefdits appels dans les neuf mois accordés par l'article XLVIII. du Titre commun de l'Ordonnance des Fermes du mois de Juillet 1681. & les condamne chacun en douze livres d'amende & aux dépens.

Du 26. Avril 1735.

* Arreft du Confeil, qui ordonne que toutes perfonnes, fans diftinction, qui brafferont, ou feront braffer des cidres & poirés dans les Villes, Bourgs & lieux de la Generalité d'Amiens, ou la Subvention & les droits d'Infpecteurs ont cours, feront tenus, avant le braffage, d'en faire déclaration au bureau du Fermier, de laquelle il leur fera délivré un acte, fans autres frais que ceux du papier timbré; & feront tenus de fouffrir dans leurs preffoirs les vifites, exercices, marques & démarques des Commis, pour enfuite être les droits payés,

àpeine, en cas de contravention, de confifcation des cidres & poirés, & de cent livres d'amende.

Du 3. Mai 1735.

* Arreft du Confeil, qui ordonne l'execution de celui du 15. Mars précedent, par lequel il eft défendu à tous Suiffes, Portiers & autres Domeftiques des Maifons & Hôtels, de la Ville & fauxbourgs de Paris, de vendre & débiter aucuns vins en détail, foit à pot ou à affiette, à peine de confifcation des vins, & de cinq cens livres d'amende pour la premiere fois; & en cas de recidive de mille livres d'amende, & de punition corporelle; & en confequence confifque fur le nommé Rifck, dit Fribourg, Suiffe de M. le Marquis de Blenac, deux demies queuës de vin, & trois bouteilles faifies par le Commiffaire du Châtelet, & les Commis de la Communauté des Infpecteurs-Controlleurs & Vifiteurs Generaux fur les Vins, & le condamne en cinq cens livres d'amende, & en la fomme de cent vingt livres à quoi lefdites deux demie-queuës, & les trois bouteilles font évaluées, au payement defquelles fommes ledit Fribourg fera contraint comme pour les deniers & affaires de fa Majefté.

Du 10. Mai 1735.

* Arreft de la Cour des Aydes de Paris, confirmatif d'une Sentence de l'Election de Joinville, du 17. Maï 1734. par laquelle Loüis Hutin Marchand à Waffy, a été condamné en la confifcation de dix muids & une feüillette de vin, & en foixante-quinze livres d'amende, avec dépens, pour vente de vin en détail fans déclaration.

Nota. Cet Arreft juge, conformément à plufieurs Arrefts precedemment rendus par ladite Cour, & notamment à celui du 20. Decembre 1718. que les Commis dans le cours de leurs vifites & exercices n'ont pas befoin de permiffion des Officiers de l'Election pour entrer dans les faux-bouchons, & qu'on ne doit admettre aucune preuve teftimoniale contre les procès verbaux des Commis.

Du 10. Mai 1735.

* Déclaration du Roi, *Regiſtrée en Parlement le 18. Juin* 1735. qui permet à la Communauté des cent-vingt Officiers Inſpecteurs-Controlleurs & Viſiteurs des vins & eaux-de-vie, d'emprunter les deniers neceſſaires au payement de la ſomme qui reſte à fournir pour la réünion deſdits Offices; exempte de la retenuë du Dixiéme, les rentes conſtituées pour raiſon dudit emprunt, ainſi que des droits d'amortiſſemens pour raiſon deſdites rentes qui pourront être acquiſes par les Gens de main morte.

Du 26. Mai 1735.

Ordonnance renduë par M. l'Intendant de la Generalité de Paris, portant confiſcation au profit de Nicolas Desboves Adjudicataire des Fermes Generales Unies, de trois quartiers de veau ſaiſis par procès verbal du 22. Avril 1735. ſur Jean-Georges Maiſon Neuve, Cabaretier à Nanterre, faute par lui d'avoir payé les droits d'Inſpecteurs aux Boucheries, & le condamne en l'amende de trois cens livres, & aux dépens, liquidés à trente ſols.

Du 31. Mai 1735.

Arreſt du Conſeil, qui ordonne qu'outre les mille muids de vin de privilege accordés à l'Hôpital General de Paris, dont l'emploi eſt fait dans l'Etat du Roi, qui s'arrête annuellement; les Directeurs dudit Hôpital pourront dans le cours de l'année 1735. faire entrer ſur leurs certificats cinq cens muids de vin d'augmentation pour la conſommation dudit Hôpital, ſans payer aucuns droits, tant au Pont de Joigny qu'aux entrées de Paris, ni ceux des droits rétablis.

Du 10. Juin 1735.

Lettres Patentes, portant que dans les Etats au vrai &

compte du prix du bail de Maiſtre Pierre Carlier, ci-devant Adjudicataire des Fermes Generales Unies de l'année 1732. il y ſoit fait recette par *advertatur* ſeulement, du produit pendant les ſix années de ſon bail, des amendes de conſignations; enſemble des droits appartenans au Roi pour les Domaines alienés depuis le 19. Aouſt 1726. lequel *advertatur* ſera admis dans leſdits Etat au vrai & compte, à la charge par Nicolas Desboves ſucceſſivement Adjudicataire des Fermes Generales Unies & ſes Cautions, d'en compter au profit de ſa Majeſté; à l'effet de quoi les Sous-Fermiers, Commis & préposés au recouvrement & recette deſdites amendes & droits Domaniaux pendant leſdites ſix années, en compteront audit Desboves & lui en remettront les deniers, pour en être enſuite les comptes particuliers rendus au Conſeil par ledit Desboves, lequel ſera tenu de faire recette du produit net qui en reviendra dans les Etat au vrai & compte de la premiere année d'icelui, le tout ſans tirer à conſequence; ordonnent en outre qu'il ſera tenu compte audit Carlier des indemnités paſſées à pluſieurs Sous-Fermiers; ſçavoir, quatre cens ſoixante-onze livres aux Sous-Fermiers des Domaines de la Generalité de Paris, à cauſe de l'alienation d'un Etal dans la Place Maubert à Paris; mille quatre cens cinquante livres par an, à ceux des Generalités de Roüen, Caën, & Alençon, pour l'alienation de trois parties de rente; l'une de cinq cens liv. dûë par le ſieur Pigeon, à cauſe de la Baronnie de Nehou; la ſeconde, auſſi de cinq cens livres, dûë par le ſieur d'Avernes, à cauſe du Domaine d'Orbet; & la troiſiéme de quatre cens cinquante livres, dûë par le ſieur Gabriel, à cauſe du Domaine de Bernay. Deux mille deux cens cinquante-cinq livres à ceux de la Generalité de Pau, à cauſe de deux parties de rentes, l'une de deux mille livres dûë par l'Infeodataire des moulins de Liſle-en-Jourdain; & l'autre de deux cens cinquante-cinq livres, dûë par l'Infeodataire des Fours-Bannaux du même lieu. Sept mille neuf cens quinze livres onze ſols, à ceux de la Generalité de Toulouſe, pour leur tenir lieu de partie de l'engagement du Comté de Lauraguais, leſdites indemnités liquidées par Arreſts des 3. Mars & 21. Juillet 1733. Trois cens douze livres treize ſols ſix deniers à ceux de la Generalité de Limoges, pour pareille somme, incendiée dans le Bureau du Controlle des Actes de la Ville d'Egleton, suivant l'Arrest du 15. Decembre 1733. Trois mille livres par an à ceux de la Generalité d'Amiens, à cause des dixmes des Paroisses de Campague & Balinghen, alienées au sieur de Montargis, suivant l'Arrest du 17. Février 1728. Huit mille livres par an à ceux des Generalités d'Auch & Montauban, à cause de l'alienation des Domaines énoncés en l'Arrest du premier Mai 1731. qui liquide ladite indemnité. Trois mille trois cens cinquante livres à ceux de la Ville & Generalité de Paris, pour les loyers d'une maison ruë Fromenteau, dans laquelle les heritiers du sieur Marquis de Grancey sont rentrés, suivant l'Arrest du 21. Juillet 1733. Trente-six mille trois cens quatorze livres trois sols huit deniers à Laurent Hazard, Sous-Fermier des Domaines de Flandres, à cause des moderations accordées aux redevables des droits des épiers pour les années 1727. & 1728. suivant l'Arrest du 19. Decembre 1730. Vingt-huit mille deux cens trente-quatre livres onze sols quatre deniers au même Fermier, & pour pareils motifs pendant les années 1729. & 1730. suivant l'Arrest du 22. Avril 1732. Vingt-trois mille sept cens-soixante-deux livres huit sols cinq deniers au même Fermier, pour les mêmes causes, pendant les années 1731. & 1732. suivant autre Arrest du 16. Mars 1734. Sept mille trois cens cinquante-deux livres quatorze sols sept deniers au Sous-Fermier de la Marque d'or & d'argent, pour lui tenir lieu des droits de marque & controlle sur les ouvrages d'or & d'argent fabriqués pour le compte du Roi pendant l'année d'Octobre 1726. à 1727. suivant l'Arrest du 11. Mai 1728. Mille trois cens quarante-huit livres quatre sols au même Sous-Fermier, & pour pareils motifs, pendant partie de la seconde année de son bail, suivant autre Arrest du 31. Aoust 1728. Et deux mille deux cens seize livres onze sols cinq deniers au Sous-Fermier des Aydes de la Generalité de Paris, pour pareille somme volée au Receveur des Aydes, à Châteaudun, en la portant à la recette generale, suivant l'Arrest du 24. Aoust 1734.

Du 14. Juin 1735.

Arrest du Conseil, qui ordonne la communication au Fermier des Aydes des Generalités de Bourges & Moulins, de la Requeste de Nicolas Desboves, Adjudicataire des Fermes Generales Unies, tendante à ce que les vins, denrées, & provisions necessaires à la nourriture des hommes, & des chevaux employés à la voiture & conduite des sels destinés pour le fournissement des Greniers à sel, soient exempts des droits d'octroi, & deniers patrimoniaux, établis dans les Villes de Nevers & Dezize, pour la réponse du Sous-Fermier, vûë & examinée, être par sa Majesté ordonné ce qu'il appartiendra, toutes choses jusqu'à ce demeurant en état.

Du 17. Juin 1735.

* Sentence de Police, qui renouvelle les Ordonnances & Reglemens sur les défenses à tous Cabaretiers, Limonadiers, Vendeurs de Bierre & d'Eau-de-Vie, de donner à boire après les heures prescrites par lesdits Reglemens, & condamne le nommé Doyen, Traiteur, en l'amende de cinquante livres, & à la fermeture de son cabaret, qui demeurera muré pendant six mois pour y avoir contrevenu.

Du 28. Juin 1735.

Arrest du Conseil, portant que le droit de sol pour livre, & augmentation d'icelui, sera perçû à l'entrée de la Ville & Faux-bourgs de Corbeil sur les écorces battuës & converties en Tan, à raison de deux sols par somme ou charge de cheval, & sur les autres quantités à proportion.

Du 5. Juillet 1735.

Arrest du Conseil, qui permet aux acquereurs & proprietaires des Offices de Commissaires-Jurés, Visiteurs, Marqueurs, Mesureurs & Controlleurs des bois quarrés à bâtir, œuvrés & à œuvrer, sciage & charonnage, rétablis par Edit du mois de Juin 1730. de posseder un ou plusieurs desdits Offices, sans être tenus de prendre des Lettres de compatibilité, quand même ils seroient pourvûs ou se feroient pourvoir d'autres Offices.

Du 17. Juillet 1735.

* Arrest & Lettres Patentes, *Regiſtrées au Parlement le premier Aouſt* 1735. qui approuvent & confirment les Deliberations du Clergé des 13. Juin & 5. Juillet 1735. & lui permettent d'emprunter huit millions à constitution de rente au denier vingt, pour payer le Don gratuit accordé au Roi.

Déclarent exemptes des droits d'amortissement, nouveaux acquets & autres, les rentes qui seront constituées par le Clergé, en conséquence desdites Déliberations, au profit des Dioceses, Beneficiers, Communautés Ecclesiastiques, seculieres & regulieres, & autres Gens de main-morte, ainsi que les rentes qu'ils pourront acquerir de celles qui seront constituées par le Clergé. Exemptent des droits du Controlle, insinuation & autres de cette nature, les contrats & autres actes qui seront passés par le Clergé General & par les Dioceses, corcernant l'emprunt des huit millions de Don Gratuit, & choses en dépendantes.

Ordonnent que les avertissemens, commandemens, assignations, saisies, arrêts, executions, quittances, regiſtres, procurations, déliberations & autres expeditions & diligences à faire pour raison du recouvrement de l'imposition ordonnée par lesdites Déliberations, & de toutes les autres impositions faites jusqu'à ce jour sur le Clergé, continuëront d'être faites en papier ou parchemin non timbré & sans être sujets au payement du controlle des exploits.

Du 26. Juillet 1735.

* Arreſt du Conseil, qui déboute Theodore Sacrelaire, Marchand de fer à Sedan, de son opposition à l'execution de celui du 8. Decembre 1733. modere, par grace, & sans tirer à consequence, à cent livres, l'amende de cinq cens
livres

livres prononcée par ledit Arreſt, lui fait remiſe de la conſiſcation des marchandiſes ſur lui ſaiſies, & le condamne en tous
les dépens.

Du 26. Juillet 1735.

Arreſt du Conſeil, qui ordonne l'execution de celui du
premier Aouſt 1733. par lequel les droits de ſortie hors du
Royaume, & ceux de marque & controlle ont été mode-
rés ſur la vaiſſelle d'or & d'argent & autres ouvrages d'orfévrerie fabriqués dans la ville de Paris, & deſtinés pour les
pays étrangers, en conſequence condamne le Fermier du
Controlle aux frais & couſt dudit Arreſt, pour avoir voulu
exiger les droits en entier ſur de la vaiſſelle d'argent que le
ſieur Balin, Orfévre à Paris a faite pour le ſieur Partyet, Con-
ſul de France à Cadix.

Du 2. Aouſt 1735.

* Arreſt du Conſeil, qui déboute les Religieux de la Char-
treuſe de Lyon, de leur demande en exemption du droit de
détail accordé aux Bourgeois de ladite Ville, & en conſequence les déclare ſujets au payement deſdits droits de détail dûs à la Ferme des Aydes ſur les vins qu'ils vendront
dans ladite Ville.

Du 9. Aouſt 1735.

* Arreſt du Conſeil, qui ordonne conformément à celui du
25. Aouſt 1720. que toutes les parties de rentes ou intereſts
compriſes dans l'état arrêté au Conſeil le 10. Mai 1732. &
annexé à la minute de l'Arreſt du 13. du même mois, ſeront
& demeureront reduites à l'avenir, à commencer du premier Janvier 1735. ſur le pied du denier cinquante, de la
finance principale des Offices de Clercs-Queſteurs & Commiſſaires aux caves, ſupprimés par Edit de Juillet 1634.
& ayant aucunement égard à la Requeſte des heritiers de
Georges Chevalier, premier Titulaire de l'un des Offices de
Queſteurs des vins de la ville & banlieuë de Roüen, ordonne que conformément à l'Arreſt du 26. Février 1665. la fi-

nance dudit Office fera & demeurera rétablie pour la fomme
de cinq mille huit cens foixante dix-huit livres, pour par lui
joüir à l'avenir , à compter dudit jour premier Janvier 1735.
de la rente ou interefts de ladite fomme , fur le pied du denier cinquante ; ordonne en outre qu'à l'avenir & à commencer dudit jour premier Janvier , la fomme de trois mille quatre cens fix livres quatorze fols que l'Adjudicataire General
des Fermes Unies étoit tenu de remettre annuellement au
payeur des charges affignées fur lefdites Fermes , & fur fes
quittances comptables, outre & par deffus le prix de fon bail ,
fuivant l'Arreft du 13. Mai 1732. demeurera reduite à celle
de dix-neuf cens foixante-neuf livres cinq deniers à laquelle montent par chacun an lefdites rentes ou interefts , pour
être payés aux heritiers ou ayans caufe des propietaires defdits
Offices, au moyen dequoi, & déduction faite, de ladite fomme
fur celle de trois mille quatre cens fix livres quatorze fols ,
le reftant, montant à mille quatre cens trente-fept livres treize
fols fept deniers , fera porté annuellement au Trefor Royal ,
par l'Adjudicataire des Fermes Generales Unies.

Du 9. Aouft 1735.

　　Arreft du Confeil, qui condamne le Treforier des Etats
de Bearn , au payement de la fomme de cinq mille cinq cens
livres, entre les mains de Pierre Carlier, ci-devant Adjudicataire General des Fermes , ou à fon prepofé , pour le montant
de l'abonnement des droits de Courtiers-Jaugeurs, Infpecteurs aux Boucheries & des Boiffons pendant les fix derniers
mois de fon bail , fini au dernier Septembre 1732. fauf aux
Syndics defdits Etats à partager , fi bon leur femble, les onze
mille livres du montant de l'abonnement impofé pour l'année 1733. entre ledit Carlier & Nicolas Desboves, qui lui a
fuccedé dans les Fermes Generales, & pour les fix premiers
mois de fon bail , auquel cas l'abonnement de ladite Province fera continué pour ledit Desboves pendant fix mois au-
de-là de fix années de fon bail , au payement de laquelle fomme de cinq mille cinq cens livres ledit Treforier fera contraint comme pour les propres deniers & affaires de fa Majefté.

Du 20. Aoust 1735.

* Arrest du Grand Conseil, qui condamne les Abbé & Religieux de l'Abbaye de Riéval, Ordre des Prémontrés, à faire démolir le pressoir qu'ils ont fait construire dans une maison par eux acquise dans la Paroisse de Bruley; leur fait défenses de s'en servir, & de faire construire à l'avenir de pareils pressoirs.

Nota. Cet Arrest juge, 1°. Que le droit de bannalité se conserve par des aveux anciens, suivis d'une possession paisible, publique & continuelle; & que ces aveux representent & suppléent le Titre originaire & primordial.

2°. Que ce droit reconnu & suivi par le general des habitans ne peut être prescrit par un particulier.

Du 22. Aoust 1735.

Ordonnance de M. l'Intendant de la Generalité de Paris, qui condamne par défaut Thomas de Laisement, Boucher à Argenteüil, à la confiscation des viandes sur lui saisies à Argenteüil, & qu'il a dit être destinées pour sa boucherie de Mousseaux, & en deux amendes de trois cens livres chacune; le condamne pareillement à faire déclaration & à payer les droits d'Inspecteurs aux boucheries de tous les bestiaux qu'il abattera dans ladite boucherie de Mousseaux, conformément à la Déclaration du 4. Février 1710. encore que les droits n'y ayent pas cours, attendu sa résidence actuelle à Argenteüil, où lesdits droits sont établis, & lui enjoint de souffrir les visites des Commis.

Du 22. Aoust 1735.

Ordonnance contradictoire de Monsieur l'Intendant de la Generalité de Paris, qui condamne Jacques & Thomas de Laisement, bouchers à Argenteüil, à la confiscation des bestiaux & viandes sur eux saisies, & en chacun trois cens livres d'amende, faute par eux d'avoir fait déclaration à l'instant de l'arrivée, & payé les droits d'Inspecteurs aux boucheries.

Du 26. Aoust 1735.

*Arrest contradictoire de la Cour des Aydes, rendu entre
Maistre Jean le Fevre, Fermier des Aydes & droits y joints,
de la Generalité d'Orleans, & Monsieur le Procureur General de la Cour des Aydes, qui ordonne l'execution de l'article IX. du titre des anciens & nouveaux cinq sols de l'Ordonnance du mois de Juin 1680. & de l'article V. de la Déclaration du 4. Mai 1688. concernant le transport des vendanges d'une Paroisse sujete, dans une autre non sujete.

Du 30. Aoust 1735.

*Arrest du Conseil, contenant ce qui doit être observé
par les Commis aux entrées de la ville de Paris, pour assurer
le payement des droits dûs aux Officiers Controlleurs de la
volaille & Gibier entrant dans ladite Ville, & Tarif des ga-
ges qui seront consignés aux barrieres pour assurer que lesdites marchandises seront conduites sur le carreau de la Vallée,
arresté le même jour par le Lieutenant de Police.

Du 3. Septembre 1735.

*Ordonnance des sieurs Prevost des Marchands & Eche-
vins de la ville de Paris, qui enjoint à tous proprietaires de
bachots, de les fermer chacun avec une chaîne & cadenats
pendant la nuit, à peine de confiscation au profit du dénonciateur & de cinquante livres d'amende.

Du 9. Septembre 1735.

Ordonnance contradictoire de M. de Harlay, Intendant
de la Generalité de Paris, qui condamne Thomas de Laisement, Boucher à Argenteüil, lieu sujet aux droits d'Inspecteurs aux Boucheries, en la confiscation de deux veaux,
en trois cens livres d'amende & aux dépens.

Et à payer les droits des bestiaux qu'il abattra dans sa boucherie de Mousseaux, lieu exempt, & à y souffrir les visites des Commis.

Du 9. Septembre 1735.

Ordonnance contradictoire de M. de Harlay, Intendant de la Generalité de Paris, qui condamne Loüis Roty, Cabaretier au Bourg de Nanterre, à la confiscation des viandes sur lui saisies, en trois cens livres d'amende & aux dépens, nonobstant qu'il eût allegué, que les viandes provenoient d'un veau acheté, & dont il ne prétendoit pas devoir les droits d'Inspecteurs aux Boucheries.

Du 13. Septembre 1735.

* Arrest du Conseil, portant, que lorsqu'il y aura des postes vacantes, ou abandonnées, & qu'il ne se presentera aucun sujet pour les remonter, le service sera fait par la Communauté; & au cas que la Communauté ne soit pas trouvée capable de soûtenir seule le service desdites postes, il sera par les sieurs Intendans & Commissaires départis, choisi tel nombre de Communautés voisines qu'ils jugeront à propos, pour solidairement fournir & contribuer à remonter, & soûtenir lesdites postes vacantes; ordonne que si quelques particuliers demeurant dans quelqu'autre Paroisse, même dans d'autres Elections que celles desdites postes se presentent pour se charger du service desdites postes vacantes, ou abandonnées, ils joüiront dans les lieux où leurs biens sont situés, des mêmes exemptions de tailles & autres privileges que si lesdits biens restoient situés dans le lieu de la poste qu'ils desserviront.

Du 14. Septembre 1735.

Contrat, par lequel le Roi accepte un Don gratuit de dix millions de livres fait par le Clergé dans son Assemblée generale tenuë en l'année 1735. déclare que les Registres, Rôlles, Départemens, Exploits, Procedures, Jugemens, Avertissemens, Commandemens, Assignations, Saisies, Arrêts, Executions, Procurations, Déliberations, & toutes les di-

ligences qu'il conviendra faire pour raifon & à l'occafion de
la levée, tant dudit Don gratuit que pour le recouvrement
de toutes les impofitions faites jufqu'à ce jour fur le Clergé,
pourront être faits en papier non timbré, & feront déchargés
dudit droit de controlle des Exploits.

Que les rentes qui feront conftituées fur le Clergé par les
Gens de Main-morte pour lefdits dix millions, feront exemptes de tous droits d'amortiffement & de nouveaux acquets
de controlle, infinuation & autres pareils droits, ainfi que les
rentes qui feront par eux acquifes, ou qui leur feront données & leguées à tel titre, pour quelque caufe & en quelque
forte & maniere que ce puiffe être; à l'effet de quoi, il eft dérogé à tous Edits, & Déclarations à ce contraires.

Que fi les rentes qui feront conftituées pour les dix millions venoientà écheoir au Roi, par droit d'Aubaine, desherence, bâtardife, confifcation, forfaiture ou autrement,
aux exceptions portées par les Lettres Patentes du 17.
Juillet 1735. expediées fur la Déliberation du Clergé du cinq
defdits mois & an; en ce cas, lefdites rentes feront & demeureront éteintes & amorties à la décharge du Clergé, fans que
les Fermiers des Domaines y puiffent rien prétendre, ni qu'elles puiffent être comprifes dans les Dons que fa Majefté pourroit faire des biens fujets au droit d'Aubaine, desherence,
bâtardife, confifcation, forfaiture, ou autres, fans qu'il foit
befoin d'en faire une referve expreffe dans les baux des Domaines, ni dans les brevets defdits Dons, fa Majefté faifant,
dès-à-prefent, don au Clergé defdites rentes & arrerages qui
fe trouveroient dans quelques-uns des cas ci-deffus.

Que les Ecclefiaftiques & Beneficiers joüiront, conformément aux precedens contrats, de l'exemption de toutes
impofitions, mifes & à mettre fur les denrées pour la décharge des dettes des Commumautés, qui font ou feront düès pour
fubfiftance, taxes d'aifés, emprunts, étapes, & autres de cette
nature; comme auffi, qu'ils joüiront, enfemble les Communautés Seculieres & regulieres, de l'un & de l'autre fexe, des
privileges & exemptions énoncés aux precedens contrats, &
que les Edits, Déclarations, Arrefts & Reglemens rendus
en faveur du Clergé, fur le fait des Tailles, Aydes, & du fel,

foient executés, & fans que les Edits, Déclarations & Arrefts
expediés pour fecours extraordinaires pendant la derniere &
prefente guerre, en vertu defquels les Ecclefiaftiques ont été
impofés pour payer fur leurs Benefices des taxes particulieres,
ou leur part des rachats defdits Edits & Arrefts, puiffent être
tirés à confequence contr'eux à l'avenir, fous quelque prétexte & pour quelque caufe que ce foit ; & fera ledit Contrat,
ainfi que les precedens, exempt de la formalité & des droits
d'infinuation & de Controlle.

Du 23. Septembre 1735.

* Sentence de l'Election de Paris, qui ordonne, que fuivant
l'article premier du Titre II. des droits d'entrée fur les vendanges, & l'article IX. du titre des anciens & nouveaux cinq
fols de l'Ordonnance de 1680. & la Déclaration du Roi du
quatre Mai 1688. les particuliers qui ont des vignes fur le
territoire fujet au payement des droits d'entrées, étant hors
les barrieres, feront les déclarations aux Bureaux des entrées
de Paris, & aux Commis de Maiftre Nicolas Desboves, des
vendanges qui feront recüeillies dans lefdites vignes avant
l'enlevement, à peine de confifcation.

Du 27. Septembre 1735.

* Arreft du Confeil, qui accorde à Jean-Baptifte Hayon,
Bourgeois de Paris, à titre de Ferme, les droits qui fe perçoi-
vent dans les marchés de Seaux & de Poiffy, pendant fix
années, à commencer du premier Octobre 1735, moyennant
la fomme de trente deux mille livres par an, payable entre
les mains du fieur Grofmenil, Greffier de la Commiffion
établie pour la verification des dettes & comptes des Communautés d'arts & métiers, qui en délivrera fes recepiffés audit Hayon, vifés du fieur Procureur General de la Commiffion, ordonne que les Marchands forains, bouviers, &
conducteurs de beftiaux, feront tenus, chacun à leur égard,
de faire déclaration en arrivant dans les marchés, de la quantité & qualité des beftiaux qu'ils y ameneront & feront en-

trer ; enjoint aux Bouchers de la ville & banlieuë de Paris, de faire auffi leur déclaration, fans exception de la quantité & qualité des beftiaux qu'ils auront achetés dans lefdits Marchés , défend aux Marchands forains , laboureurs , & autres , d'expofer en vente les beftiaux deftinés pour la confommation de Paris , ailleurs que dans lefdits Marchés de Seaux & de Poiffy , & aux bouchers de fe fournir ailleurs que dans lefdits marchés , à peine de confifcation , & amendes prononcées par ledit Arreft.

F I N.

A P A R I S,

Chez PIERRE PRAULT, Imprimeur des Fermes & Droits du Roi, Quay de Gèvres, au Paradis.

1737.

TABLE

DES
EDITS, DECLARATIONS,
ORDONNANCES, ARRESTS,
ET REGLEMENS
CONCERNANT
LES DOMAINES ET DROITS Y JOINTS.

Rendus pendant la troisiéme année du Bail
de Mᵉ. NICOLAS DESBOVES.

Commencée le premier Octobre 1734. & finie le
dernier Septembre 1735.

A PARIS,

Chez PIERRE PRAULT, Imprimeur des Fermes & Droits du Roy
Quay de Gêvres, au Paradis.
____

M. DCC. XXXVII.

TABLE

DES

EDITS, DECLARATIONS,

ARRESTS ET REGLEMENS

RENDUS pendant la troisiéme année du Bail de
M^c NICOLAS DESBOVES,

*Commencée le premier Octobre 1734. & finie le dernier
Septembre 1735.*

CONCERNANT les Domaines de France, Controlle des Actes
des Notaires, Petits Scels, Infinuations Laïques, Centiéme
Denier, Controlle des Exploits, Greffes, Amortiffemens,
Francs-Fiefs & nouveaux Acquefts : & Droits refervés
dans les Cours & Jurifdictions, par les Edits des mois
d'Aouft 1716. Janvier & Novembre 1717. & rétablis
par la Declaration du 15. May 1722.

Du 9. Octobre 1734.

RREST du Conseil, qui en caffe un du
Parlement de Toulouse, du 10 Septembre
1733. qui avoit prononcé la reftitution d'une
amende de cent livres, confignée le 2 Mars
précedent, par le Sieur de Lafcombe, Tréforier de Fance
en la Généralité de Bordeaux, à caufe d'une infcription
de faux, contre deux Actes de proteftarion, des 13 & 15
Aouft 1705. par lui formée audit Parlement, lequel faifant
droit fur ladite infcription de faux, avoit mis les Parties

DOMAINES.   A

hors de Cour; & ordonne que ladite amende fera rapportée au Fermier par ledit Sieur de Lafcombe, à quoi il fera contraint; le tout en execution de l'Article V. de la Declaration du 21 Mars 1671. & autres Reglemens rendus en conféquence.

Du 19. Octobre 1734.

* Arreft du Confeil, qui permet à M. de Richelieu, Duc d'Aiguillon, Pair de France, de faire affigner en reprife d'inftance, Colombat, Sous-Fermier des Domaines de la Généralité de Guyenne; enfemble les Maires, Confuls, Procureurs, Syndics & Habitans des Villes d'Agen, Condom, Marmande, & autres lieux, pour raifon des Droits de Cens, Rentes, Lods & Ventes, & autres Droits Seigneuriaux & féodaux, prétendus par M. de Richelieu & par le Fermier des Domaines, dont les Habitans defdites Villes & Lieux foutiennent être exempts.

Novembre 1734.

* Inftruction pour les Commis au Controlle des Exploits.

Du 9. Novembre 1734.

* Lettres Patentes, qui ordonnent le réglement des Coupes à l'âge de vingt-cinq ans, dans les Bois dont le Sieur Marquis de Maillebois joüit à titre d'engagement, dans la Foreft de Châteauneuf en Thimeraye. *Regiftrées en Parlement le 18. Janvier 1735.*

Du 7. Decembre 1734.

* Arreft du Confeil, pour le payement des Droits du Péage établi fur le Pont provifionnel de Mantes, par toutes fortes de Perfonnes privilegiées ou non privilegiées, à l'exception des Officiers & Archers des Maréchauffées, des Employés des Fermes, des Courriers, Maîtres des Poftes & leurs Poftillons & Domeftiques, conduifans les Courriers

feulement, & à leurs retours defdites courfes ou conduites.

Du 14. Decembre 1734.

* Arreft du Confeil, qui commet le Sieur Fuzillier pour faire le recouvrement du dixiéme des appointemens des Commis & Employés dans les Fermes, Sous-Fermes, & autres Affaires de Finances, ainfi que celui des Droits attribués à differens Officiers, Corps, & Communautés de la Ville de Paris, & autres Dixiémes particuliers, conformément aux Rolles qui en feront arrêtés au Confeil à la diligence du Sieur de Ternantes.

Du 14 Decembre 1734.

Arreft du Confeil, portant qu'il fera expedié au profit de Pierre Carlier, Adjudicataire des Fermes Génerales-Unies, une Ordonnances de comptant, fur le Garde du Tréfor Royal, en exercice de la fomme de dix-huit mille quatre-vingt douze livres huit fols par lui avancée, pour réparations & acquifitions de Bureaux, Greniers, Corps de Gardes, & autres Ouvrages, laquelle Ordonnance lui fera payée en une Quittance comptable, fur & en déduction du prix de fon Bail.

Du 21. Decembre 1734.

* Arreft du Confeil, qui ordonne que le Sieur Grinfard, Maiftre Particulier de la Maîtrife de Metz, reftera interdit des fonctions de fon Office, jufqu'à ce qu'il ait fait fatisfaction à M. Coulon, Grand-Maître des Eaux & Forefts du Département de Metz, furles faits réfultans dudit Arreft, confiftans en dénonciations & accufations contre la réputation dudit Grand Maiftre; condamne en outre ledit Grinfard, en cinquante livres d'amende, applicable aux Pauvres de l'Hôpital Général de Metz.

Permet au nommé la Pie, Secretaire du Grand Maiftre, de continuer les pourfuites par lui commencées au Parlement de Metz contre les Officiers de ladite Maîtrife de Metz, fur l'appel par eux interjetté d'une Sentence du Bailliage de la même Ville, qui lui adjuge deux mille livres de dommages interêts contre les Officiers de ladite Maiſtriſe.

Du 28 Decembre 1734.

* Declaration du Roy, qui ordonne que les Notaires, Tabellions, Greffiers, & autres ayans faculté de paſſer des Actes & Contrats, qui feront convaincus d'avoir fauſſement fait mention ſur les Expeditions par eux délivrées des Actes qu'ils auront paſſés, que les Minutes auront été controllées, ſeront pourſuivis extraordinairement & punis comme fauſſaires; & enjoint aux Fermiers, leurs Commis, & autres, de remettre à la premiere requiſition aux Procureurs du Roy des Juriſdictions, les Extraits des Regiſtres de Controlle, même de dépoſer leſdits Regiſtres aux Greffes s'il eſt ordonné par les Juges, pour être enſuite rendus aux Commis après le jugement du Procès.

Du 12. Janvier 1735.

* Declaration du Roy, portant établiſſement d'une Chambre de Tournelle Civile au Parlement de Paris, à commencer au lendemain de la Chandeleur, juſqu'à la fin du Parlement ; indique les Affaires dont elle connoîtra, & excepte les matieres Domaniales, les Droits de la Couronne, & autres y exprimées.

Du 18. Janvier 1735.

* Arreſt du Conſeil, qui régle la forme dans laquelle les Fermiers des Domaines doivent compter du produit des amendes de conſignation, *contenant 7. Articles.*

Du 15. Fevrier 1735.

Arreſt du Conſeil, portant que les Contrats d'Echange des 2. Octobre 1718. & 29. May 1719. enſemble les

DOMAINES.

Arrests des 6. Octobre & 23. Decembre 1722. seront executés selon leur forme & teneur; en conséquence que le
Sieur Comte de Belle-Isle, joüira du Droit de Nomination à tous les Offices Royaux, dont les fonctions sont
exercées dans l'étenduë des Terres & Justices du Comté de
Gisors, qui lui ont été cédées en contre-échange de la
Terre & Marquisat de Belle-Isle, sans exception ni reserve.

Du 17. Fevrier 1735.

* Arrest du Conseil, qui maintient le Sieur Richer,
Lieutenant en la Maistrise des Eaux & Forests d'Auxerre,
dans les Privileges & Exemptions attribués à son Office par
l'Ordonnance de 1669, & le décharge de la nomination
faite de sa personne le 26. Decembre 1734. à la charge de
Marguilliers de sa Paroisse, sauf aux Curé & Marguilliers
de ladite Eglise, de proceder à une nouvelle Election, si
bon leur semble.

Du 18. Fevrier 1735.

* Ordonnance du Bureau des Présidens-Trésoriers de
France-Généraux des Finances & Grands Voyers de la
Généralité de Paris, portant Reglement pour le service des
Huissiers dudit Bureau, & pour l'administration de leur
bourse commune, *Contenant 46. Article.*

Du premier Mars 1735.

Arrest du Conseil, qui ordonne que Charles Yvon,
Sous-Fermier des Domaines de la Ville & Généralité de Paris,
sera tenu de rendre compte dans six mois à Pierre Carlier, Adjudicataire des Fermes Générales, du produit des amendes
qui ont été ou dû être consignées entre les mains de ses
Commis & Préposés, pendant les six années de son Bail,
tant au Conseil & Requestes de l'Hôtel de Sa Majesté, Grand
Conseil, Chambre des Comptes, Cour des Aydes, Cour des
Monnoyes, que dans toutes les Jurisdions inferieures de la

Ville de Paris; après lequel compte rendu, le fonds restant net du produit desdites amendes, sera porté par ledit Carlier au Trésor Royal, conformément à la Declaration du 17. Octobre 1699. & à l'Article 529. de son Bail.

Du 6. Mars 1735.

* Lettres Patentes, sur Arrests des 11. Janvier & 8. Fevrier 1735. qui dispensent les Receveurs Généraux des Domaines & Bois, & le Sieur Biberon de Cormery, de compter des quatorze deniers pour livre des sur-Mesures, tant des Bois du Roy, que de ceux des Ecclésiastiques & Communautés, depuis 1715. jusques & compris 1723.

Du 8. Mars 1735.

* Arrest du Conseil, qui casse & annulle l'enregistrement fait en la Maistrise d'Issoudun, sans Lettres d'attache de M. de Grandbourg, Grand Maistre des Eaux & Forests de France, au Département de Berry & Blois, des Lettres de véterance, obtenuës par le Sieur de l'Etang, Procureur du Roy en ladite Maistrise; défend au Sieur Maistre Particulier de cette Maistrise, d'ordonner à l'avenir aucun enregistrement de Lettres Patentes, Ordres & Mandemens sur le fait des Eaux & Forests, ni d'installation d'Officiers sous quelque cause & prétexte que ce soit, sans qu'on lui ait justifié des Lettres d'attache dudit Sieur Grand Maistre; ordonne que ledit Sieur de l'Etang ne pourra en vertu des Lettres de véterance par lui obtenuës, avoir séance ni voix déliberative au Siége de la Maistrise, lui permet seulement de se qualifier Conseiller Procureur du Roy, Honoraire de ladite Maistrise, & de joüir au surplus des mêmes Honneurs, Prérogatives, Prééminences, Privileges, Franchises, & Exemptions dont il a joüi ou dû joüir avant sa démission; & enjoint à M M. les Grands Maistres des dix-huit Départemens du Royaume, de tenir chacun en droit soy la main à l'execution dudit Arrest, qui sera enregistré aux Greffes des Maistrises Particulieres des Eaux & Forests.

Du 16. Mars 1735.

* Arreſt de la Cour des Aydes de Paris, portant que Marguerite-Thérefe Renault, fille majeure & héritiere de feu Faron Regnault ſon frere, vivant, Receveur des Droits du Pont de Joigny, ne peut profiter des Lettres de bénefices d'inventaires par elle obtenuës, & qui ordonne que dans quinzaine elle ſera tenuë de renoncer à la ſucceſſion de ſon frere, ſinon & à faute de le faire dans ledit temps, la con-damne à payer le débet du compte de ſon frere.

Nota. Cet Arreſt juge que l'héritier d'un Receveur des Fermes, mort reliquataire; ne peut profiter de la faveur des Lettres de bénefice d'Inventaire, & doit renoncer à la ſucceſſion, ſinon payer le débet du Receveur.

Du 22. Mars 1735.

Arreſt du Conſeil, qui ordonne que dans les états au vray & compte du prix du Bail de Pierre Carlier, ci-devant Adjudicataire des Fermes Générales-Unies, de l'année 1732. il y ſera fait recette par advertatur ſeulement, du produit pendant les ſix années de ſon Bail, des amendes de conſi-gnation; enſemble des Droits appartenans à Sa Majeſté pour les Domaines alienés depuis le 19 Aouſt 1726. à la charge par Nicolas Desboves, ſucceſſivement Adjudicataire, & ſes Cautions, d'en compter au profit de Sa Majeſté, à l'effet de quoy les Sous-Fermiers des Domaines, leurs Commis & Prépoſés au recouvrement & recette deſdites Amendes & Droits Domaniaux, pendant leſdites ſix années, feront tenus d'en compter audit Desboves, & de lui en remettre les deniers pour en être enſuite les comptes particuliers rendus au Conſeil par ledit Desboves, qui ſera tenu de faire recette du produit net qui en reviendra à Sa Majeſté, &c.

Du 29. Mars 1735.

* Arreſt du Conſeil, qui défend conformément à l'Or-donnance des Eaux & Foreſts du mois d'Aouſt 1669. &

à l'Arreſt du Conſeil du 16 May 1724. à toutes perſonnes ſans diſtinction de qualité, Proprietaires de Seigneuries, de défricher ni faire défricher, ni ſouffrir qu'il ſoit défriché aucuns Bois ni Patis communaux, appartenans aux Habitans des Seigneuries, à peine de mille livres d'amende, confiſcation des Terres défrichées au profit du Roy, & de priſon contre leſdits Habitans, outre le rétabliſſement des Bois & Patis à leurs frais & dépens.

Du 5. Avril 1735.

* Arreſt du Conſeil, qui ordonne que l'Ordonnance de M. Coulon, Grand Maiſtre des Eaux & Foreſts du Département de Metz, du 18 Juillet 1733. ſera executée, & en conſéquence, que les Officiers de la Maiſtriſe de Metz, rendront dans quinzaine au Chapitre de la même Ville, les deux mille neuf cens quatre-vingt-neuf livres douze ſols ſix deniers qu'ils ont perçûs, ſans la taxe du Grand Maiſtre; & pour avoir indûëment reçû ladite ſomme, les condamne ſolidairement en trois mille livres d'amende envers Sa Majeſté, avec injonction audit Sieur Grand Maiſtre de tenir la main à l'execution dudit Arreſt.

Du 5. Avril 1735.

* Arreſt du Conſeil, qui caſſe celui du Parlement de Toulouze, du 8 Avril 1734. en ce qu'il ordonne la reſtitution d'une amende de faux, conſignée par le Sieur Maleſitte. Ordonne qu'il ſera tenu de rapporter dans quinzaine après la ſignification qui lui ſera faite dudit Arreſt, la ſuſdite amende entre les mains du Fermier, à quoi faire il ſera contraint par toutes voyes, même par corps.

Du 19. Avril 1735.

* Lettres Patentes, qui ordonnent la Vente & Adjudication des Coupes ordinaires de taillis du grand Parc, ſitué dans le Reſſort de la Maiſtriſe de Cognac, appartenant à Sa
Majeſté,

Majesté, & qu'il sera par le Sieur de Bazoncourt Grand
Maistre des Eaux & Forests du Département de Poitou, procedé à la Vente & Adjudication en la maniere accoûtumée,
à commencer en l'année 1735. de tous les Baliveaux qui
si trouveront avoit atteint l'âge au-dessus de 40 ans. *Regiſtrées
en Parlement le* 14. *May* 1735.

Du 19. Avril 1735.

* Lettres Patentes, qui ordonnent que par le Sieur de
Bazoncourt, Grand Maistre des Eaux & Forests du Département de Poitou, il sera annuellement procedé à la Vente
& Adjudication en la maniere accoûtumée, à commencer
en l'année 1735. des Baliveaux tant anciens que modernes,
les plus défectueux qui se trouveront dans les Bois de la
grande Garenne, en la Maistrise d'Angoulême. *Regiſtrées en
Parlement le* 14. *May* 1735.

Du 19. Avril 1735.

* Arrest du Conseil, qui modere à dix livres l'amende de
soixante-dix livres prononcée contre le nommée René Gilbert,
Salpêtrier à Baulieu en Touraine, par Sentence des Officiers
de la Maistrise de Loches, du 7 Fevrier 1733. pour avoir abbatu un arbre mort dans la Forest de Baulieu, qui par sa chute
en a abbatu deux autres; le décharge du surplus des condamnations portées par icelle, à la charge de payer les frais suivant la taxe qui en sera faite par le Sieur Eynard de Ravan-
nes, Grand Maistre des Eaux & Forests du Département
de Touraine, Anjou & le Maine; lui fait défenses de ré-
cidiver, & à tous Salpêtriers de prendre dans les Bois &
Forests aucuns Bois vert ou sec, sous quelque prétexte que
ce soit, sous les peines portées par l'Ordonnance des Eaux
& Forests du mois d'Aoust 1669.

Du 21. Avril 1735.

* Ordonnance de Messieurs les Maréchaux de France.

portant Réglement pour le payement des vacations des
Prevôts, Officiers & Cavaliers des Maréchauſſées du Royaume, employés pour l'execution des Ordonnances émanées de
leur Tribunal.

Du 26. Avril 1735.

* Arreſt du Conſeil, qui déclare le Duché de Rohan ;
relever de celui de Ploermel, & permet au Sieur Mathieu-
Martin de Pinquert, Fermier des Domaines d'Auray, Hen-
nebond, & Ploermel, de continuer ſes pourſuites en la
Juriſdiction Royale de Ploermel, comme auparavant l'Arreſt
du 11. Decembre 1731. obtenu par M. le Prince de Leon.

Du 3. May 1735.

Arreſt du Conſeil, qui ordonne que la ſomme de huit
cent quatre-vingt livres dûe à Denis Dumoulin, Entrepreneur pour réparations & entretien pendant quatre années,
de la Maiſon ſituée en la Ville de Bourges, appellée le Logis
du Roy, & des Priſons de ladite Ville, lui ſera payée ſur
les Ordonnances du Sieur Commiſſaire départy en la Généralité de Bourges, par le Sous-Fermier des Domaines de
ladite Generalité, auquel il en ſera tenu compte ſur le prix
de ſon Bail, par l'Adjudicataire Général des Fermes-Unies,
& au Fermier Général par Sa Majeſté.

Du 6. May 1735.

* Lettres Patentes, portant qu'il ſera inceſſament procedé
au Siége du Bailliage Royal de Verſailles, à la Vente &
Adjudication au plus Offrant & dernier Encheriſſeur, en
la maniere accoûtumée, de trois parties de Bois, montant
à la quantité de cent quarante-un arpens onze perches ou
environ dépendans du Domaine de Verſailles, avec un tiers
ou environ des vieux Chaînes & Châtaigners, étant dans
la Piece de bois appellée la Table d'aſſemblée. *Regiſtrées
en Parlement le 20 May 1735.*

Du 10. *May* 1735.

* Arreſt du Conſeil, qui ordonne que ceux des premier Mars & 26. Aouſt 1692. ſeront executés ſelon leur forme & teneur; en conſequence fait défenſes au Juge de la Seigneurie de Pontdevaux, & aux Juges des autres Seigneuries du Royaume, de donner ſous quelque prétexte que ce puiſſe être aucune permiſſion de couper aucun arbre, ſoit de Futaye, Baliveaux ſur taillis, ou Arbres éparts, & au Greffier tant de ladite Juſtice, qu'à ceux des autres Juſtices Seigneuriales, de recevoir des Particuliers aucune déclaration, pour raiſon des arbres qu'ils voudroient abbatre, à peine de mille livres d'amende contre leſdits Juges, & de cinq cent livres contre leſdits Greffiers, ſauf auſdits Particuliers de quelque qualité & condition qu'ils ſoient, à ſe pourvoir au Conſeil pour en obtenir la permiſſion, ou en faire leur déclaration au Greffe de la Maiſtriſe, dans le reſſort de laquelle leurs bois ſeront ſitués, ſix mois auparavant d'en faire l'exploitation; & ce conformément à l'Article I I I. du Titre des Bois appartenans aux Particuliers, de l'Ordonnance des Eaux & Foreſts, du mois d'Aouſt 1669. aux Arreſts du Conſeil des 21. Septembre 1700. & 6. Septembre 1723. déclare nulles & de nul effet toutes les Permiſſions qu'aucuns deſdits Juges auront données, & toutes les déclarations que leſdits Greffiers auront reçûes, avec défenſes à tous Particuliers de s'en ſervir, à peine de cent livres d'amende, & de confiſcation des Bois qui ſe trouveront abbatus.

Des 22. *Octobre* 1733. & 11. *May* 1735.

* Lettres Patentes & Arreſt d'enregiſtrement au Parlement, portant réglement & tarif des Droits attribués aux Officiers & Commiſſaires Généraux de la Voyerie de Paris, par Edit du mois de Mars 1693. Declaration du 16. Juin en ſuivant, & Arreſts du Conſeil des 15. Juin 1706. & 6. Octobre 1733.

Du 13. May 1735.

* Arrest de la Cour de Parlement, qui condamne solidairement les Religieux de S. Vincent du Mans , avec deux
de leurs Domestiques, pour avoir chassé sur les Terres du
Sieur le Boultz, Seigneur en partie de Briares & d'Aubevoyes;
& infirme le Jugement de la Table de Marbre, qui avoit
déchargé lesdits Religieux de la solidité prononcée par la
Sentence de la Maistrise du Château du Loir, du 20 Juin
1733. &c.

Du 18 May 1735.

* Arrest de la Cour de Parlement , qui condamne Loüis
Guerin, Bourgeois de Paris, en cent livres d'amende, apli-
quable à l'Hôpital Général, à laquelle a été moderée celle
de trois mille livres, portée par la Sentence des Prevost
des Marchands & Echevins de la Ville de Paris, du 29
Juillet 1732. pour avoir sans permission, commencé une
partie de Bâtiment, au lieu d'un Angard, en une maison à
petite porte, Fauxbourg Saint Antoine.

Du 31. May 1735.

* Arrest du Conseil, & Lettres Patentes, *registrées en la
Chambre des Comptes le 5. Juillet* 1735. portant qu'il sera fait un
Chapitre de Recette & de Dépense dans les Etats des Bois
vendus au profit de Sa Majesté, dans les Provinces & Généralités du Royaume, pour l'ordinaire de l'année 1735.
du produit des amendes, restitutions, & confiscations prononcées pendant l'année 1733. aux Sieges des Tables de
Marbres, Maistrises & Grueries des Eaux & Forests desdites
Provinces & Généralités; & qu'à l'avenir le produit desdites amendes, restitutions & confiscations, continuëra d'être
employé dans lesdits états, pour en compter par les Receveurs Généraux des Domaines & Bois, ainsi que des autres
Deniers de leurs Recettes.

Du 10 Juin 1735.

Lettres Patentes, portant que dans les Etat au vrai, & compte du prix du Bail de Me Pierre Carlier, ci - devant Adjudicataire Général des Fermes-Unies, de l'année 1732. il y sera fait recette par advertatur seulement, du produit pendant les six années de son Bail, des amendes de consignation; ensemble des Droits appartenans au Roy pour les Domaines aliénés depuis le 19 Août 1726. lequel advertatur sera admis dans lesdits Etat au vrai & compte, à la charge par Nicolas Desboves, successivement Adjudicataire des Fermes Générales-Unies, & ses Cautions, d'en compter au profit de Sa Majesté; à l'effet de quoi les Sous-Fermiers, Commis, & Préposés au recouvrement & recette desdites amendes & Droits Domaniaux, pendant lesdites six années, en compteront audit Desboves, & lui en remettront les deniers, pour en être ensuite les comptes particuliers rendus au Conseil par ledit Desboves, lequel sera tenu de faire recette du produit net qui en reviendra dans les Etat au vray, & compte de la premiere année d'icelui, le tout sans tirer à conséquence. Ordonne en outre qu'il sera tenu compte audit Carlier, des indemnités passées à plusieurs Sous-Fermiers, sçavoir, quatre cent soixante onze livres aux Sous-Fermiers des Domaines de la Généralité de Paris, à cause de l'alienation d'un Etal dans la Place Maubert à Paris. Mille quatre cent cinquante livres pour ceux des Généralités de Rouën, Caën, & Alençon, pour l'alienation de trois parties de rentes, l'une de cinq cens livres dûë par le Sieur Pigeon, à cause de la Barronnie de Nehou; la seconde aussi de cinq cent livres dûë par le Sieur d'Avernes, à cause du Domaine d'Orbec; & la troisiéme de quatre cent cinquante livres dûë par le Sieur Gabriel, à cause du Domaine de Bernay; deux mille deux cent cinquante-cinq livres à ceux de la Généralité de Pau, à cause de deux parties de rentes, l'une de deux mille livres, dûë par l'Inféodataire des Moulins de l'Isle en Jourdain, & l'autre de deux cent cinquante-cinq livres, dûë par l'Inféodataire des Fours bannaux du même lieu;

sept mille neuf cent quinze livres onze sols, à ceux de la Généralité de Toulouze, pour leur tenir lieu de partie de l'engagement du Comté de Lauraguais, lesdites indemnités liquidées par Arrests des 3 Mars & 21. Juillet 1733. trois cent douze livres treize sols six deniers, à ceux de la Généralité de Limoges, pour pareille somme incendiée dans le Bureau du Controlle des Actes de la Ville d'Egleton, suivant l'Arrest du 15. Decembre 1733. trois mille livres par an à ceux de la Généralité d'Amiens, à cause des Dixmes des Paroisses de Compague & Balinghen, alienées au Sieur de Montargis, suivant l'Arrest du 17 Fevrier 1728. huit mille livres par an à ceux des Généralités d'Auch & Montauban, à cause de l'aliénation des Domaines énoncées en l'Arrest du premier May 1731. qui liquide ladite indemnité; trois mille trois cens cinquante livres à ceux de la Ville & Généralité de Paris, pour les loyers d'une Maison ruë Fromenteau, dans laquelle les Héritiers du Sieur Marquis de Grancey sont rentrés, suivant l'Arrest du 21. Juillet 1733. Trente-six mille trois cens quatorze livres trois sols huit deniers, à Laurent Hazard, Sous-Fermier des Domaines de Flandres, à cause des modérations accordées aux Redevables des Droits des Epiers pour les années 1727. & 1728. suivant l'Arrest du 19. Decembre 1730. vingt-huit mille deux cens trente-quatre livres onze sols quatre deniers, au même Fermier, & pour pareils motifs pendant les années 1729. & 1730. suivant l'Arrest du 22. Avril 1732. vingt-trois mille sept cens soixante-deux livres huit sols cinq deniers, au même Fermier, pour les mêmes causes, pendant les années 1731. & 1732. suivant autre Arrest du 16 Mars 1734. sept mille trois cent cinquante-deux livres quatorze sols sept deniers, au Sous-Fermier de la Marque d'Or & d'Argent, pour lui tenir lieu des Droits de Marque & Controlle sur les Ouvrages d'Or & d'Argent, fabriqués pour le compte du Roy, pendant l'année 1726. & 1727. suivant l'Arrest du 11 May 1728. mille trois cens quarante-huit livres quatre sols au même Sous-Fermier & pour pareils motifs pendant partie de la deuxième année de son Bail, suivant autre Arrest du 31. Aoust 1728. & deux mille deux cens seize livres onze sols cinq deniers, au Sous-Fermier des Aydes de la Généralité de Paris ; pour pareille ſomme volée au Receveur des Aydes à Chateaudun, en la portant à la recette générale, ſuivant l'Arreſt du 24. Aouſt 1734.

Du 14. Juin 1735.

* Lettres Patentes du Roy, portant établiſſement d'un nouveau Marché dans la Place du Parc aux Cerfs à Verſailles; permettent aux nommés Bully & Bruneteau, d'y faire bâtir 416 Barraques en maçonnerie, couvertes d'ardoiſe, leſquelles leur appartiendront à perpetuité, ainſi qu'à leurs Hoirs ou à ceux à qu'ils pourront les vendre, à la charge d'une redevance annuelle au Domaine de Verſailles, de quinze livres pour chaque Barraque, dont leſdits Bully & Bruneteau ſont déchargés pendant les onze premieres années, aux charges & conditions y contenuës, & ordonnent que les Droits des Places qui ſeront occupées par les Forains autres que celles occupées par les Baraques, y ſeront perçûs comme dans l'ancien Marché par le Fermier deſdits Droits.

Du 28. Juin 1735.

Arreſt du Conſeil, qui ordonne que pluſieurs quittances comptables des Receveurs Généraux des Domaines, pour Charges locales & frais de Juſtice de l'année 1732. retirées dans les Provinces par les Sous-Fermiers & Commis de Mᵉ Pierre Carlier, cy-devant Adjudicataire Général des Fermes-Unies, & qui ont été controllées par des Perſonnes dont les qualités ne ſont point juſtifiées, ſeront regiſtrées au Controlle Général des Finances, encore que le temps preſcrit par les Reglemens, & nottament par la Declaration du 6 Mars 1716. ſoit expiré, à condition que leſdites quittances ſeront controllées dans le délay d'un mois du jour de la datte dudit Arreſt.

Du 28. Juin 1735.

* Arreſt du Conſeil, qui permet aux Commis à la Régie

des Droits de Controlle des Actes dans toute l'étenduë du Royaume, de controller jusqu'au dernier Decembre 1736. tous les Actes de foy & hommage, adjudications de bois , & autres Actes passés devant les Juges , & Greffiers, & autres Officiers de Justice , de nature à pouvoir être faits également pardevant Notaires ; ensemble les déclarations ou reconnoissances aux Papiers terriers qui ont esté passées jusqu'à present , encore que les délais fixés par les Réglemens soient expirés ; comme aussi à tous Vassaux possedant Fiefs qui ont présenté aux Chambres des Comptes & Bureaux des Finances, des aveux & dénombremens sous-signature privée , sans avoir été controllés , & aux Procureurs, Greffiers, & Huissiers qui ont requis la reception desdits aveux & dénombremens , les ont expediés & signifiés depuis l'Edit du mois d'Octobre 1705. sans avoir été préalablement controllés audit Controlle des Actes , de les faire controller jusqu'audit jour dernier Decembre , soit que les minutes desdits Actes leur soient présentées par les Greffiers actuels ou autres Officiers de Justice , leurs Veuves, Héritiers, ou autres dépositaires des Minutes desdits Greffes, au moyen duquel Controlle & payement des Droits, sur le pied du tarif du 29. Septembre 1722. valide lesdits Actes, & releve lesdits Greffiers, & autres Officiers de Justice, Procureurs & Huissiers , des peines & amendes par eux encouruës, encore qu'il y ait eu des Arrests ou Ordonnances de condamnation, lesquels Actes n'auront force & vertu que du jour qu'ils auront été controllés , passé lequel délai & sans esperance d'aucun autre, lesdits Actes & autres reçûs par lesdits Juges & Greffiers, les déclarations ou reconnoissances aux papiers terriers , & les aveux & dénombremens faits sous-signature privée ou autrement, qui ne se trouveront pas avoir été controllés , demeureront nuls & de nul effet ; ensemble les Actes de publication d'iceux, & tout ce qui aura été fait en conséquence ; & lesdits Vassaux, Juges, Notaires, Procureurs, Greffiers, Huissiers, & autres Officiers, leurs Veuves, Héritiers, ou autres Dépositaires de leurs Minutes , contraints au payement des amendes qui auront été prononcées. Ordonne qu'à l'avenir lesdits Actes de foy & hommage, adjudications de Bois , & autres de

nature.

nature à pouvoir être faits pardevant Notaires ; ensemble les déclarations ou reconnoissances aux Papiers terriers, seront controllés dans les délais prescrits par les Reglemens, & qu'il ne pourra être presenté ausdites Chambres des Comptes & Bureaux des Finances, aucuns aveux & dénombremens, en quelque forme qu'ils soient rédigés, qu'ils n'ayent été auparavant controllés & les Droits payés, sous les mêmes peines de nullité & amendes prononcées par les Reglemens.

Du 5. Juillet 1735,

Arrest du Conseil, qui liquide & ordonne le payement des arrérages des rentes dûës par M. le Duc de Mazarin aux Fermiers des Domaines des Baux de 1727. & 1733. à cause d'une Maison dont il étoit Engagiste dans la Ville de Mezieres, jusqu'au jour de la Vente qu'il en a faite au Roy ; & liquide pareillement à la somme de sept mille quatre cent trente-neuf livres quatre sols neuf deniers, l'indemnité dûë au Sous-Fermier des Domaines du Bail fini le dernier Decembre 1732. de laquelle somme il lui sera tenu compte par le Fermier Général, & au Fermier Général par Sa Majesté.

Du 8. Juillet 1735.

* Ordonnance de Messieurs les Présidens, Trésoriers de France, Généraux des Finances & grands Voyers en la Généralité de Paris, qui renouvelle les dispositions des Edits, Declarations, Arrests & Reglemens concernant la Voyerie, & en ordonne l'execution.

Du 17. Juillet 1735.

* Arrest & Lettres Patentes, *regiftrées au Parlement le premier Aouft* 1735. qui approuvent & confirment les Déliberations du Clergé, des 13. Juin & 5. Juillet 1735. & lui permettent d'emprunter huit millions à constitution de rente au denier vingt, pour payer le don gratuit accordé au Roy.

Déclarent exemptes des Droits d'Amortissement, nouveaux Acquets, & autres, les rentes qui seront constituées par le Clergé, en conféquence defdites Déliberations, au profit des Dioceses, Bénéficiers, Communautés Eccléſiaſtiques, Séculieres, & Régulieres, & autres Gens de Mainmorte, ainſi que les Rentes qu'ils pourront acquérir de celles qui feront conſtituées par le Clergé.

Exemptent des Droits du Controlle, Inſinuation, & autres de cette nature, les Contrats, & autres Actes qui feront paſſés par le Clergé général, & par les Dioceses concernant l'emprunt des huit millions de Don gratuit, & choſes en dépendantes.

Ordonnent que les Avertiſſemens, Commandemens, Aſſignations, Saiſies, Arreſts, Executions, Quittances, Regiſtres, Procurations, Déliberations, & autres Expeditions & Diligences à faire pour raiſon du recouvrement de l'impoſition ordonnée par leſdites Déliberations, & de toutes les autres impoſitions faites juſqu'à ce jour ſur le Clergé, continuëront d'être faits en papier ou parchemin non timbré, & ſans être ſujets au payement du Controlle des Exploits.

Du 19. Juillet 1735.

Arreſt du Conſeil, qui accorde au Fermier des Domaines de Belle-Iſle, une diminution de la ſomme de mille quarante-cinq livres quatre ſols, ſur le prix de ſon Bail, pour lui tenir lieu des dommages qu'il a ſouffert pendant les chomages des quatre Moulins de la Paroiſſe du Palais de Belle-Iſle; de laquelle ſomme il ſera tenu compte à Nicolas Desboves, Adjudicataire des Fermes Générales, ſur le prix de ſon Bail.

Du 24. Juillet 1735.

* Arreſt du Conſeil, qui proroge en faveur du Clergé, les délais portés par la Declaration du 20. Novembre 1725. & par les Arreſts des 31. Mars 1727. 23. Mars 1728. & 25. Septembre 1730. pour rendre les foy & hommage, & fournir aux Chambres des Comptes dans le reſſort deſquelles leurs Bénefices ſont ſitués, des déclarations de tout le temporel de leurs Bénefices, tenant lieu d'aveux & dénombremens pour ce qui concerne les Fiefs mouvans de Sa Majeſté; à la charge par ledit Clergé de faire remettre pen-

dant lesdits délais entre les mains du Sieur Controlleur Général des Finances, les Mémoires & Pieces qu'ils jugeront à propos, & néceffaires pour y parvenir, à l'effet de quoi ils donneront charge expreffe aux Agens Généraux du Clergé, d'y faire travailler, pour fur iceux, être ordonné ce qu'il appartiendra. Fait défenfes aux Procureurs Généraux des Chambres des Comptes, & aux Procureurs des Bureaux des Finances de faire aucunes pourfuites pendant ledit temps.

Aouft 1735.

* Ordonnance de Loüis XV. Roy de France & de Navarre, *Regiftrée en Parlement le 3. Fevrier 1736.* Portant Reglement au fujet des Teftamens. *Contenant quatre - vingt-deux Articles.*

Du 12. *Aouft* 1735.

* Ordonnance de M. l'Intendant de la Généralité de Soiffons, qui condamne le Sieur Jacques Prud'homme, au nom & comme Tuteur de fes enfans mineurs, & de défunte Charlotte du Teftu fa femme, à payer au Fermier des Droits de Franc-Fiefs, la fomme de cent foixante onze livres, pour l'excedent defdits Droits de Francs-Fiefs, du Fief de Cury, échû à fes enfans mineurs par le décès de Jacques du Teftu, avec les deux fols pour livre, & en outre, en trois cens trente-trois livres pour le triple droit de deux Articles obmis par ledit Prud'homme, dans la déclaration par lui faite au Fermier.

Du 14. *Aouft* 1735.

* Lettres Patentes, portant que le Capitaine & les autres Officiers des Chaffes de la Capitainerie de Livry & Bondy, pourront tenir leur Siége au Château des Thuilleries, dans les occafions où ils ne pourront fe trouver à Livry, & que les Particuliers qui feront décretés & arrêtés pour fait de Chaffe, Braconnage, & autres Délits commis dans l'étenduë de ladite Capitainerie, feront conftitués Prifonniers ès Prifons du Fort l'Evêque. *Regiftrées en Parlement le 3.* *Decembre* 1735.   Cij

Du 22. Aouſt 1735.

* Arreſt du Grand Conſeil, qui reçoit les Religieux du Prieuré de Lihons oppoſans à l'Arreſt du 23 Juillet 1733. obtenu par le Sieur Ozanne, Prieur Commendataire dudit Prieuré, en ce qu'ils leur fait défenſes de chaſſer ni faire chaſſer ſur les terres appartenantes audit Prieuré; le déboute de ſa demande, & le condamne aux dépens.

Du 23. Aouſt 1735.

* Arreſt du Conſeil, concernant les Privileges, Rangs, & Séances attribués aux Controlleurs Généraux des Finances, Domaines & Bois; par lequel Sa Majeſté, ſans s'arrêter aux demandes & prétentions des Officiers du Bureau des Finances de Bordeaux, dont ils ſont déboutés. Ordonne que le Sieur Miſonet en ladite qualité de Controlleur des Domaines & Bois, ſera inſtalé en la maniere accoûtumée, & qu'il aura entrée & ſéance audit Bureau; qu'il ſera placé au-deſſous & immédiatement après le Procureur & Avocat du Roy, & qu'il payera ſeulement la ſomme de cent quarante livres ſeize ſols, pour les Droits de ſon inſtallation, ſomme pareille à celle qu'il a payée pour les Droits de ſa réception audit Office, en la Chambre des Comptes de Paris, &c.

Du 23. Aouſt 1735.

* Arreſt du Conſeil, qui ordonne ſur les concluſions du Sieur Inſpecteur Général du Domaine, que les Habitans des Communautés ſituées dans l'étenduë du Domaine du Roy, ſeront tenus de prépoſer un ou pluſieurs Gardes, pour veiller à la conſervation de leurs Bois communaux, leſquels prêteront ſerment, & feront leurs rapports aux Greffes des Maiſtriſes, conformément à l'Ordonnance des Eaux & Foreſts de 1669. à peine de cinquante livres d'amende pour chaque contravention.

Du 23. Aoust 1735.

* Arrest du Conseil, par lequel sans avoir égard aux clauses singulieres d'une adjudication des Bois du Prieuré de Saint Jimer en Auge, Maîtrise de Pont l'Evêque, ni aux Sentences & Jugemens de cette Maîtrise, qui ont suspendu les poursuites du Receveur Général des Domaines & Bois du Département de Rouën, pour le recouvrement du prix de ladite Adjudication, Daniel Oleary, Adjudicataire, Nicolas Marais sa Caution, le Sieur Delaunay, Cessionnaire d'Oleary, & les Officiers de la Maîtrise de Pont-l'Evêque, sont solidairement condamnés au payement du prix de l'adjudication des Bois, Charges d'icelle, & en tous les frais & dépens du Receveur Général; & lesdits Officiers condamnés en outre en cinq cens livres d'amende, & au coût dudit Arrest.

Du 14. Septembre 1735.

* Contrat, par lequel le Roy accepte un Don gratuit de dix millions de livres fait par le Clergé dans son assemblée générale, tenu en l'année 1735,

Déclare que les Registres, Rolles, Départemens, Exploits, Procedures, Jugemens, Avertissemens, Commandemens, Assignations, Saisies, Arrests, Executions, Procurations, Déliberations, & toutes les Diligences qu'il conviendra faire, pour raison & à l'occasion de la levée, tant dudit Don gratuit que pour le recouvrement de toutes les impositions faites jusqu'à ce jour sur le Clergé, pourront être faits en papier non-timbré, & seront déchargés du Droit de Controlle des Exploits.

Que les rentes qui seront constituées sur le Clergé par les Gens de Main-morte, pour lesdits dix millions, seront exemptes de tous Droits d'Amortissemens & de Nouveaux Acquêts, de Controlle, Insinuation & autres pareils Droits, ainsi que les rentes qui seront données & léguées à tel titre, pour quelque cause & en quelque sorte & maniere que ce puise être; à l'effet de quoy il est dérogé à tous Edits, & Declarations à ce contraires.

Que si les Rentes qui seront constituées pour les dix
millons venoient à écheoir au Roy par Droit d'Aubaine,
Deshérence, Bâtardise, Confiscation, Forfaiture ou autrement, aux exceptions portées par les Lettres Patentes du
17. Juillet 1735. expediées sur la Déliberation du Clergé,
du 5. desdits mois & an, en ce cas lesdites rentes seront
& demeureront éteintes & amorties à la décharge du Clergé,
sans que les Fermiers des Domaines y puissent rien prétendre, ni qu'elles puissent être comprises dans les Dons que
Sa Majesté pourroit faire des biens sujets aux Droits d'Aubaine, Desherence, Bâtardise, confiscation, Forfaiture, ou
autres, sans qu'il soit besoin d'en faire une réserve expresse
dans les Baux des Domaines, ni dans les Brevets desdits
Dons, Sa Majesté faisant dès à present Don au Clergé desdites
rentes & arrérages, qui se trouveroient dans quelque-uns
des cas ci-dessus.

Que les Ecclésiastiques & Bénéficiers, joüiront conformément aux précedens Contrats, de l'exemption de toutes
impositions, mises & à mettre sur les denrées, pour la décharge des dettes des Communautés, qui sont ou seront
düës pour subsistance, taxes, Octrois, emprunts, estapes, &
autres de cette nature; comme aussi qu'ils joüiront; ensemble
les Communautés séculieres & régulieres de l'un & l'autre
sexe, des Privileges & Exemptions énoncés aux précedens
Contrats; & que les Edits, Declarations, Arrests & Reglemens rendus en faveur du Clergé, sur le fait des Tailles,
Aydes, & du Sel, soient executés, & sans que les Edits,
Declarations & Arrests expediés pour secours extraordinaires
pendant la derniere & presente Guerre, en vertu desquels
les Ecclésiastiques ont été imposés pour payer sur leurs
Bénéfices des taxes particulieres, ou leur part des rachats
desdits Edits & Arrests, puissent être tirés à conséquence
contr'eux à l'avenir, sous quelque prétexte & pour quelque
cause que ce soit, & sera ledit Contrat, ainsi que les précedens, exempt de la formalité & des Droits d'Insinuation
& de Controlle.

F I N.